グローカル
国際経営論

麻殖生健治【著】 Kenji Maio

Glocal
International
Management

ナカニシヤ出版

はしがき

　従来の国際経営論は現実経済を説明しきれていないのではないか。

　日本からの海外進出の解釈に終始している。現地国の論理がまったく考慮されていない。外資系企業に勤務しているビジネスマンには現地国の状況が描けていない国際経営論は役にたたない。本社からのグローバリゼーションの進展と現地国のローカリゼーション要求の永遠の対立が述べられていない。アメリカの多国籍企業論からの理論の翻訳と借りものが多い。一冊の本の中で異なった人が別々の主張をしており，理論的な統一がとれていない。ハウツーものに終始して理論的根拠のないものがある。

　これらが今までの国際経営論についての著者の素朴な疑問である。

　日本経済にとって1990年代の失われた10年を取り戻すため，新しい国際経営論の展開が必要である。少なくとも国際

経営について進出と受入の両局面からの議論がなされるべきである。また理論的に矛盾の無い一貫した理論展開が必要である。このため従来の国際経営論の論述を手がかりとして新しい経営論の糸口を模索したのがこの小論である。国際経営論を学ぶ学生やビジネスマンに少しでもお役にたてれば幸いである。

　グローバリゼーションとローカリゼーションの対立を統合して，グローバルとローカルの同時達成を目指すグローカル経営が実現できるように題名を「グローカル国際経営論」とした。

2003年4月

麻殖生健治

目　次

はしがき　*i*

第1章　国際経営組織 …………………………………… *1*
第1節　国際経営組織の理論　*2*
　1. 安室憲一説　*2*
　2. 根本孝説　*4*
　3. マトリクス組織について　*6*
第2節　国際経営組織の決定要因　*8*
　1. 従来の国際経営組織論の整理　*8*
　2. 国際経営組織の決定要因　*9*
　3. 国際経営組織の具体的モデル　*12*
第3節　国際経営組織の事例　*15*
　1. マトソンテクノロジー　*15*
　2. 松下電器　*15*
　3. IBMのマトリクス組織　*17*

第4節　国際経営組織の将来　*18*

1. マトリクス組織　*18*
2. トランスナショナル組織　*19*

第2章　国際人事管理 ……………………………… *22*

第1節　国際人事管理の理論　*23*

1. 安室憲一説　*23*
2. 茂垣広志説　*25*

第2節　国際人事管理の決定要因　*26*

1. 従来の国際人事管理論の整理　*26*
2. 国際人事管理の決定要因　*27*
3. 日本からの海外派遣を最小限にする　*29*
4. 現地における労働慣行を尊重する　*32*

第3節　異文化アプローチの必要性　*35*

1. 異文化経営の研究　*35*
2. 国際人事管理における異文化アプローチ　*38*
3. 国際人事管理の将来　*41*

第3章　国際マーケティング ……………………… *45*

第1節　国際マーケティングの理論　*46*

1. 世界標準化と現地適応化　*46*
2. 国際マーケティングの決定要因　*48*
3. グローバルマスカスタマゼーションの評価　*50*

第2節　海外生産とデファクト・スタンダード　*53*

1．国際マーケティングと海外生産　*53*

　　2．デファクト・スタンダード　*56*

第3節　国際マーケティングの将来　*58*

　　1．マーケティングミックス　*58*

　　2．カスタム品の成立と展開　*59*

　　3．標準化と適応化の将来　*61*

第4章　国際財務管理 ……………………………… *62*

第1節　国際財務管理の理論　*62*

　　1．国際財務管理と国内財務管理　*62*

　　2．本社一元化の財務管理　*63*

　　3．会計基準の国際化　*64*

第2節　国際財務管理の決定要因　*65*

　　1．従来の国際財務管理論の整理　*65*

　　2．日本の外資系企業の財務管理状況　*66*

　　3．国際財務管理の決定要因　*67*

　　4．本社と現地の役割分担モデル　*69*

第3節　財務システムの発展　*70*

　　1．財務管理組織の発展の理論　*70*

　　2．現実の財務システムモデル　*71*

　　3．半導体装置会社の事例　*73*

　　4．日本企業と財務国際化　*75*

　　5．日本における外資系企業の要望　*76*

第5章　国際研究開発 ……………………………… 78
第1節　国際研究開発の理論　79
1. 斉藤優説　79
2. 吉原英樹説　80
第2節　国際研究開発の決定要因　83
1. 従来の国際研究開発論の整理　83
2. 日本の外資系企業での研究開発　83
3. 国際研究開発の決定要因　84
4. 国際研究開発の拠点モデル　86
第3節　国際研究開発の事例と将来　87
1. マブチモーター　87
2. 半導体設計開発の中国シフト　88
3. マトソンテクノロジージャパン　89
4. 国際研究開発の将来　91

第6章　現地社長の役割 ……………………………… 93
第1節　現地社長についての議論　93
1. 現地社長とは何か　93
2. 現地社長についての議論　95
第2節　現地社長の育成と役割　98
1. 現地社長の育成　98
2. 現地社長の役割　101

あとがき　　*105*
参考文献　　*106*
索　　引　　*109*

第1章

国際経営組織

　神戸大学の加護野忠男教授によれば,「経営学はよい仕事を上手にするための知識をつくることを課題としている。そのなかで経営組織論は経営学の中心課題として協働の方法を研究している。物事をなすには人々の協働が不可欠だからである」という（日本経済新聞，2002年4月10日,「経営入門」）。経営学といえば組織論が研究の中心である。これは国際経営論でも変わらない。巻末の参考文献としてあげた書物でも,組織については最優先で論じられている。

　それでは国際経営組織について何が今まで議論されてきたか。国内市場を相手にしてきた企業が輸出および海外生産に展開するとき,国際経営の組織がどう成立し,推移し,発展していくのかということが中心であった。従来の議論では企業の間接輸出が始まってから,直接販売にうつり,海外生産が発展するにつれ国際経営組織は発展段階的に進歩していく

と説明される。発展段階的という意味は企業の国際化にともなって組織が自動的に次の段階へと進化・変化していくという説である。

第1節　国際経営組織の理論

1. 安室憲一説

神戸商科大学の安室憲一教授が1993年に出版された『国際経営』によれば、国内企業であった会社が海外生産を開始するようになるとまず海外事業部ができる。さらにそれが利益責任を持つようになると国際事業部となる。規模が大きくなると地域事業部が組織され、さらに製品別事業部へと転換する。最終的には地域統括本社にそれが統合される。地域統括本社によりグローバル経営とローカル経営が集約されるという。ここでは安室教授の説を代表としてとりあげたが発展段階説としては、他の本も似たようなものが多い。

しかしこの組織発展説は現実の国際経営組織の構成とは異なっている。この論の疑問点は以下の通りである。

① 海外事業部が利益責任を負うことで国際事業部に昇格するわけではない。海外事業部の調整機能は国際事業部ができることなく製品別事業部にそのまま移管されることも多い。

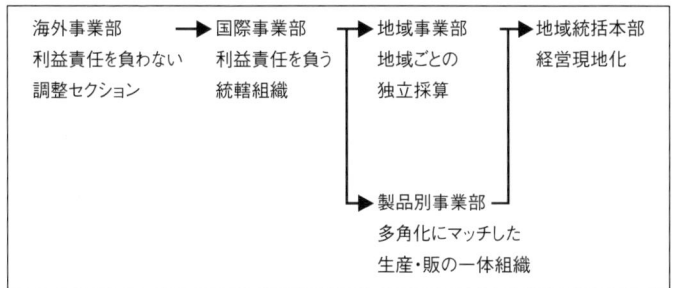

図1-1　グローバル組織のデザインの例
(『国際経営』安室憲一，日経文庫，p106)

② まず地域事業部が成立してから企業規模が拡大して製品事業部ができるという必然性はない。
③ 地域統括本社は最終の組織形態ではない。本社との調整が難しく，中途半端でどっちつかずの中間組織になっている場合が多い。

いずれにしても企業の国際化が進展することにより，自動的に組織が転換していくとは限らない。またどんな決定要因によって組織が形成されていくかについて，何ら回答が与えられていない。

1960年代からの日本の繊維産業や家電産業の海外進出の場合は結果的に，上のような組織発展形態をとったかも知れない。しかし一般的な理論づけとしては不十分である。

2. 根本孝説

　安室氏の本が1993年で古すぎるというなら，2001年に出版された明治大学の根本孝教授他編の『国際経営を学ぶ人のために』をとってみよう。ここでも企業のグローバル化の進展と共に国際経営の組織が変化していくことを認めている。しかも安室氏の説では論じられなかった組織転換の要因の定量的な定義も示されている。国際経営の組織は海外生産比率と海外製品多角化の度合いによって定量的に決定される，という。まず国際事業部は海外生産比率が50％以下で海外製品多角化が10％以下の場合に採用される。地域事業部は海外製品多角化が低いとき，製品事業部は海外製品多角化が高いときにできると定義されている。さらに海外生産比率が高く，海外製品多角化度も高い企業では製品事業部と地域事業部をね合わせたグローバルマトリクス組織が採用されるという。

グローバル化の進展と共に組織の選択的構築がなされる。J. R. ガルブレイズの研究をもとにしてみると，海外生産比率が50％を超えていても，海外製品多角度が10％より低いと「グローバル地域事業部」が採用され，主力製品以外の多角化製品の比率が10％を超えると「グローバル製品事業部」が採用される。(『国際経営を学ぶ人のために』根本孝他編，世界思想社，p177)

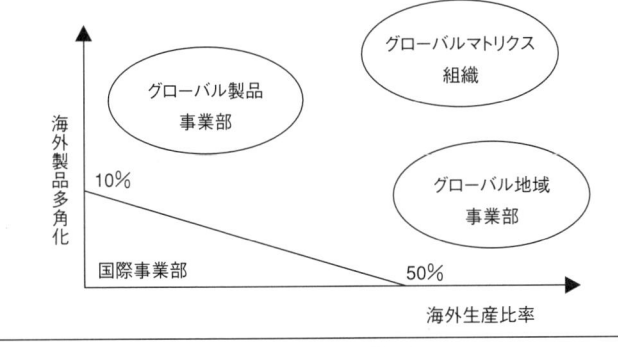

図1-2　国際経営組織展開図

しかし根本孝説についても疑問点は残る。

① 多国籍化したグローバル企業で主力製品以外の多角化品が10％以下というのは極めて特殊である，金融業や特殊なサービス業に限定されよう。単一製品しか販売しないという形態は理論的にはありえても，現実には，少しセグメントが違えば品種が違うという取り扱いをするところが多い。真の地域事業部組織は限定的にしか存在しないといっているのだろうか。

② 国際事業部存廃について，海外生産比率が高まり，多角

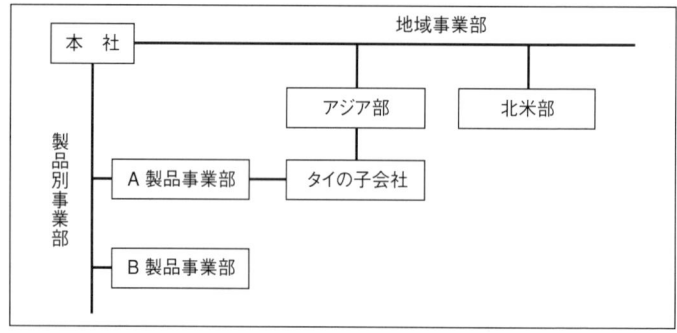

図1-3 マトリクス組織の例

(『国際経営』吉原英樹, 有斐閣, p177)

化比率が高まっても, そのまま, 国際事業部として残っている場合もある。国際事業部で蓄積された移転価格, 法務, 税務などの, 管理機能がそのまま活用されていく場合が多い。

③ グローバルマトリクス組織については発展段階が進めば自然にマトリクス組織に移行するように読みとれる。しかし現実はそう簡単ではない。1980年代に期待されたグローバルマトリクス組織は運営上の困難さから, ほとんど解消されたという見方もある。

3. マトリクス組織について

マトリクス組織については国際経営組織の究極の形態としてとりあげられる場合もあれば, 結局失敗だったといわれる場合もある。マトリクス組織の一つの例をあげてみよう。

マトリクス組織とは図1-3のように地域事業部と製品事業部の二元的な組織である。命令の一元化という点で運営が難しい。吉原教授はマトリクス組織が結局うまくいかなかったという立場から以下のように述べている。

> マトリクス組織の失敗について地域への適応と品種別事業間の調整に加え，技術移転，環境，人材，労働条件，税務，法務，情報，物流，特許などの機能を三次元マトリクスで考える必要もある。マトリクス組織によって多国籍企業の組織と管理の課題を解決できたところはなかった。これは命令の一元性の法則を崩したための対立や葛藤が多く発生したからである。(『国際経営』吉原英樹，有斐閣，p176)

吉原教授によればこのマトリクス組織の矛盾をこえるためには，必要なときに，企業横断的な，①ミクロ構造の重視（タスクフォースやプロジェクトチーム），②国際的ミーティングの活用，③一つの共通文化づくりが重要と主張されている。これは後述するIBMのマトリクス組織でも大切なこととしてとりあげられている。

もちろんタスクフォースや国際的ミーティングの活用はどんな場合でも重要である。しかし，これらは運営論であって組織論ではない。形式的にマトリクス組織をつくって，現実にはそのつど一元的命令系統を含むサブ組織を構築するという繁雑な仕組みは永続的ではない。

マトリクス組織を異文化コミュニケーションの立場からみると，マトリクス組織が通用する国民文化と，通用しない国民文化がありそうである。ホフステドの『異文化世界』（有斐閣，p25）に述べられている所では権力格差指標は国ごとに異なっている。日本やアメリカに比べ，スイスやスエーデンでは上司が一元的にすべて決定する組織というのは受け入れにくい文化であると述べられている。その点で，スイスやスエーデンでは一時期，マトリクス組織がうまくいったということも考えられ，他国では根づかなかったのかもしれない。

> スエーデンとスイスの国際合弁企業アセア・ブラウン・ボベリ（ABB）は1988年に合併し製品別地域別マトリクス組織を採用したことで知られる。これも10年たった1998年にマトリクス組織を解消した。（『国際経営学への招待』吉原英樹編，有斐閣，p 193）

第2節　国際経営組織の決定要因

1. 従来の国際経営組織論の整理

前節でみたように従来の国際経営組織理論の結論は要約してみると以下のようである。

① 海外生産の規模が拡大すると国際経営の組織は発展的に進化していく。海外事業部や国際事業部といわれる調整

セクションから地域事業部さらには品種別事業部に移行する。最終的には地域統合会社やマトリクス組織になる。
② 品種別の多角化の度合いと海外生産の比率によって国際経営の組織は定量的に選択される。海外生産や多角化比率の低いときは海外事業部となる。海外生産が増えてくると地域事業部となる。多角化が進むと品種別事業部となる。
③ 品種別と地域別の二重構造組織を解決するためには，問題はあるものの，マトリクス組織が役にたつ。

しかし，現実の国際経営組織を分析してみると，必ずしも上のような結論に沿っているとは思えない。企業の発展に従って，国際事業部から順番に組織が発展していくのではない。また，定量的基準に従って地域事業部と品種別事業部がわかれるわけでもないだろう。マトリクス組織をとっている場合でも，品種別組織か地域別組織のどちらかの指示が優先している場合が多い。どの部門が人事評価を行っているかをきいてみるとよくわかる。最終的コントロールをとっている部門が必ずあるのが普通である。

2. 国際経営組織の決定要因

それでは，どんな要素が国際経営の組織を決定しているのであろうか。例えば以下の山崎清教授の本では，製品と機能と地域の三つをバランスよく関連づけることであると述べている。

> 多国籍企業の組織構造を決定する要因は ①製品-技術特性 ②経営職能性-機能 ③地域-現地性の3つである。この3次元の特性をいかにしてバランスよく関連付けるかできまる。
> (『テキストブック国際経営』山崎清他編，有斐閣，P122)

　われわれはこのうち製品と地域（または現地）を重視する。重要なのは以下の前提である。

① 本社からの組織の視点だけでなく，現地子会社からの視点を加える。グローバリゼーションと共にローカリゼーションの観点を入れること。
② 組織の上で最も重要な顧客との関係である販売の組織を軸に考える。地域別をまず顧客別とよみかえてみる。
③ 職能別あるいは機能別組織は全社的調整機能なので国際経営組織としては中心として考えない。財務管理または研究開発の章でとりあつかう。

　こうした前提の上にたつと，国際経営組織の決定要因モデルは単純に以下の図1-4のようになる。
　本社の製品別組織（従来からの議論では製品別事業部といってもよい）と現地における顧客別組織との対立から現実の国際経営組織が生まれる。アメリカでは国内の組織に限ってみても，しばしば製品別組織であるマーケティング部門と顧客別組織であるセールス部門との対立がおこる。これが国際

第 2 節 国際経営組織の決定要因 *11*

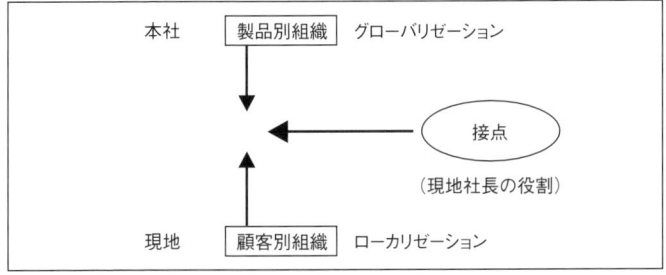

図1-4 国際経営組織の決定要因

経営組織の場合は，グローバリゼーションとローカリゼーションの対立という形で顕現化する。本社が銀行業など単一商品専業でない限り，また立ち上がり期でない限り，本社は製品別事業部を現地に組織構築しようとする。一方，現地はカスタマーと直接コンタクトするセールスマンの日常活動をベースに顧客別に情報が収集され，指示が出される。品種別の情報も顧客別にまとめられる場合が多く，一つの地域としての要求として本社に伝えられる。通常は現地の子会社の代表（個人とは限らない）が，機能として本社と現地との接点にある。現地社長がそれである。現地社長は具体的に国際経営組織を効率よいものとして設計し運営する役割をもつ。そのため現地社長が主導権をもつと結果的に地域別組織が編成される。顧客が不特定多数の消費財のような場合は顧客の業種別あるいははじめから地域別に編成される場合もある。

表1-1 製品別組織と顧客別組織の関係モデル

		本　社	現　地
A	得意先別型	製品別組織弱い	顧客関係強い，職能別組織強い
B	国別会社型	製品別組織　従	顧客別組織　主
C	下宿屋型	製品別組織　主	顧客別組織　従
D	本社派遣型	製品別組織強い	顧客別関係弱い

3. 国際経営組織の具体的モデル

　本社の製品別組織と現地の顧客別組織の対立が，折り合いをつけて，具体的な組織に結実して行くためにはさらにいろいろな要素が加わってくる。例えば，本社内において，いわゆる職能別組織（組織を生産，販売，財務，人事，技術などにわける方法）の力がどのくらい強いかによって，製品別組織の力が弱まる場合がある。職能別組織が強い場合は，相対的に現地の顧客別組織が優位に保持される。

　一方現地サイドで，最終カスタマーとの距離的，心理的，人的，製品的，サービス的および歴史的にどれくらい強い関係にあるかによって，顧客別組織の強さも決まってくる。製品別にパッケージセールスが有効な場合は当然顧客別組織が強くなる。カスタマー自体がグローバル化し，世界各地の需要が集約できる場合も，現地の顧客別組織が有効である。結果として本社を動かす製品別組織をこえた地域別組織に実現していく場合も多い。

　本社と現地の関係を製品別組織と顧客別組織の相対的強弱であらわしてみると表1-1のようになる。

A. 得意先別型——製品別組織が弱いのは企業の立ち上り時や金融など単一商品の場合，ニッチマーケット商品の場合で多角化していないときである。さらに本社の職能別組織が強い場合で現地サイドの顧客関係が強い場合に成立する。お得意様別に販売組織をつくる。

B. 国別会社型——顧客別組織が主で，現地側が現地従業員の人事評価に参加できる場合がこれである。顧客との関係も密である。ここでは国別，地域別に会社が設立される。現地社長とユーザートップとの関係が有効に使われる。本社の職能別組織のうち，財務部門の権限が強く，国別のバランスシートをコントロールする。

C. 下宿屋型——本社の製品別事業部が主で，現地の顧客別組織が従の場合は製品事業部の決定権が強く，各セールスマンの評価も本社の製品事業部が行う。現地では従業員の評価も第一次評価にとどまる。現地社長は下宿屋の主人のような地位で地域の名士としてしか機能はない。こういう場合でもマトリクス組織であると標榜している場合も多い。

D. 本社派遣型——製品別組織が相対的に非常に強いと，現地の顧客別組織は育たない。セールスマンも製品事業部の直轄となる。現地社長がいない場合もある。製品事業部の顔しかみえない。

以上のモデルわけはとくに、生産財の販売を念頭において顧客別という考えをとってきた。もちろん消費財のように一般大衆を考えるものとしては従来通り地域別という概念を用いてもよい。いずれにしても従来の議論と重ね合わせると、Aは国際事業部、Bは地域事業部、Cは製品事業部、Dは超（ウルトラ）製品事業部ということになる。国際経営組織の形成は発展段階的というよりもグローバリゼーションとローカリゼーションとの対立から生まれたものである。マトリクス組織の二元論は形式的には存在しても、BまたはCの変形型であることが多い。

表1-2　国際経営組織のモデルパターン（従来の組織論との関係）

モデル	従来の組織論名称	説明
A 得意先別型	国際事業部	立上り、単一品、財務管理強い
B 国別会社型	地域事業部	顧客との関係強い
C 下宿屋型	製品事業部	製品事業部に最終的決定権
D 本社派遣型	超製品事業部	現地の裁量なし

第3節 国際経営組織の事例

1. マトソンテクノロジー

半導体装置の代表的企業としてマトソンテクノロジー（NASDAQ）の国際経営組織をホームページでみる。以下の図1-5のように製品別組織の中に現地の製造，開発，販売が囲い込まれている。国際事業部がGlobal Business Operationとして別の副社長（EVP）のもとにある。国際事業部は地域国別の予算管理，グローバルセールス，販売予測などを製品別事業部と調整しながら行っている。サービスはGBOの下にある。各現地国は製品事業部毎に独立して管理されている。表1-2の観点からはC型下宿屋型である。

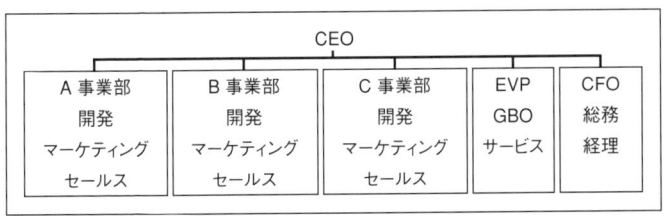

図1-5 マトソンテクノロジーの組織図

2. 松下電器

日本経済新聞2002年1月5日の記事によれば，松下電器産業株式会社は海外経営組織を品種別組織から地域別組織に変更したと報道されている。そのため地域別組織の欠点としてあげられる調達および物流の非効率性をなくすため，SCM（Supply Chain Management）を強化した。われわれの分類からすればCタイプ下宿屋型からBタイプ国別会社型への移行形態である。SCMにより子会社間の物流・調達情報を機能的に地域で統合する。こうして経営戦略の重点の転換により，そのつどC型からB型へ，またあるときはその反対へと変換させている。ダイナミックに組織自体を動かしている例である。

3. IBMのマトリクス組織

2002年5月20日の日本経済新聞では日本IBM社長の大歳卓麻氏が自社のマトリクス型組織について説明している。(図1-6)

> このように複雑多岐にわたる組織を効率的に運営するために，IBMでは3つの組織形態を横断的に組み合わせたマトリックス組織を導入している。製品，サービス別組織と業種，規模別組織は世界レベルでの戦略策定や投資に，地域，国の組織は市場ごとの事業戦略に基づいた目標達成に責任をもつ。実際組織間で優先順位が異なる場合もあり，高い調整能力やコミュニケーション能力をともなうリーダーシップが要求される。
>
> （日本経済新聞，2002年5月20日，「経営入門」）

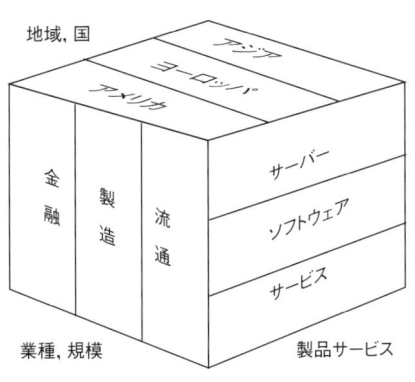

図1-6 IBMマトリクス型組織

IBMが自ら認めているように「伝統的な組織形態では事業機会を見つけてもそこで必要とされる人材や技術を再組織化している間に機会は失われる。お客様のニーズに合わせて解決

策を機敏に対応するためにマトリクスを使う」という。管理をするためには再組織が必要である。「IBMのマトリクス型組織では具体的なビジネスの過程ごとに管理が決定され，規則は市場にあわせて改正されていく」という。

このマトリクス組織が完全なものでないことはIBM自身も認めている。今後どういう展開をするか，注目していきたい。

製品サービスごとの事業部制が強化されるのか，または地域，国別に独立性が高まるのかは今後の課題である。あるいは，可能性は低いとしても，地域，製品および業種の三次元マトリクスが国際的なIBMだからこそ完成されるかもしれない。

第4節　国際経営組織の将来

1. マトリクス組織

スエーデンのABBやIBMのマトリクス組織の場合にみたように，現実のマトリクス組織の経験は従来理論的にいわれてきたような究極の国際経営組織として採用されているわけではない。

> 企業はそれぞれの業務やその時の市場環境に最適だと思われる組織をつくり運営しながら修正を加えている。IBMにおけるマトリクス組織も事業内容や市場環境を考えれば完全な形態とはいえない（日本経済新聞，2002年5月21日，日本IBM社長大歳卓麻「経営入門」）

具体的ビジネスに応じてサブ組織を構築している点をみれば第1章で吉原英樹教授の理論を紹介したように運営上タスクフォースやプロジェクトチーム設立によるミクロ組織によって，指示命令系統の再一元化を図っているともいえる。

マトリクス組織はそのままでは永続的ではない。製品別組織が強くなるか，地域別組織が強くなるかによって，組織のパターンからすればC型かB型に到達するか，または，タスクフォースなどのミクロ組織を活用して運営上の再組織化によりきりぬけていくかのどちらかである。マトリクス型がこえるべき根本的な問題は，二つある。一つは利益関係の異なる複数の事業部に同等の権限を与えていること。二つには合意決定のために距離，時間，言語，文化の障壁が大きすぎることである。

2. トランスナショナル組織

マトリクス組織が究極の組織形態にならないことをみてきた。最近こうした伝統的組織モデルをこえたトランスナショナル組織という考え方が将来の国際経営組織になるという人もいる。

> 伝統的組織モデルではグローバルな効率性，現地環境への適応及びイノベーションと学習という重要な戦略問題は，同時に追究することができなかった。それを克服するのがトランスナショナル組織である。(『理論とケースでみる国際ビジネス』江夏健一他編，同文館，p177)

> 伝統的組織モデルではグローバルな効率性，現地環境への適応及びイノベーションと学習という重要な戦略問題は，同時に追究することができなかった。それを克服するのがトランスナショナル組織である。(『理論とケースでみる国際ビジネス』江夏健一他編，同文館，p177)

　トランスナショナル組織では海外子会社の特定活動を専門化する。この活動を専門化できるように経営資源と組織能力を分散するという。海外子会社の活動に自立性を与えて現地環境の適応を達成するのが主眼であるという。

> 具体的にはある活動を専門化して子会社にまかせる。本社と子会社の相互依存を前提としてグローバル双方向調整を行う。子会社のイノベーションを世界に移転する。
> (同上，p180)

　例えば松下では，台湾子会社がカラーテレビの部品や材料のうちかなりの部分を自前で生産し，いくつかの重要部品は本社の供給をうけるというように，海外子会社にある程度の開発や生産を許可するが重要部品は本社で生産や開発をうけもつというのがトランスナショナル型であるという。
　またNECでは，デジタル交換機NEAC61Eの開発の場合，本社がハードウェアの開発に米国子会社がソフトウェアの開発に集中していたという。

組織論的にはこうした具体例は何もトランスナショナル組織であると，こと新しくいえるものではない。職能別組織と製品別組織のマトリクスのタスクフォースの一例であるに過ぎない。本社と現地の双方向の調整の運営強化というプロセスでとどまっている。経営資源と組織能力を十分にそなえた海外子会社が，相互依存関係で本社を含めて世界全体的に結びつくのがトランスナショナル型であるとすれば，組織形態としてはB型あるいはC型の組織がタスクフォースやプロジェクトチームをつくって有機的にビジネス展開しているという見方が一番自然である。トランスナショナル型という新しい組織形態にまで昇華していないというのがわれわれの結論である。本社からの製品別組織の要請と現地側からの顧客別の組織の対応による，両勢力の対立が現実の国際経営組織を決定しているという図式から基本的には変わっていないと考えられる。

第2章
国際人事管理

　国際経営における人事管理については国際経営組織とならんで優先度が高い研究対象項目である。国内向には何の違和感もない人事評価制度でも，外国においては訴訟問題をおこす重大な欠陥を含んでいる場合がある。古くは在米日系企業における人種差別，セクハラ問題や，最近では東南アジアでの解雇問題や，労働争議など，企業の屋台骨をゆるがす大問題が次々におこった。これに対する日本側の態度は，危機がおこってからの対処，いわゆるモグラたたきの処理に追われてきた。最近は日本国内でも，外資系企業における労働条件の変更や解雇問題で，日本人の感覚に合わない紛争がおこっている。日本企業が外国に出た場合だけでなく，日本における外資系企業の観点からも含めて，国際人事管理を多面的にとらえてみよう。

第1節　国際人事管理の理論

1. 安室憲一説

　従来の国際経営論における人的資源に関する研究は，おかしなことに日本からの海外派遣者に関する議論が大部分であった。派遣者の選抜，教育，評価および帰国後の処遇はそれなりに重要である。しかし現地での実際の人事管理の分析にはほとんどふれられていない。例えば第1章で引用させてもらった安室教授の人的資源の管理の説明内容をみてみよう（図2-1）。国際人事管理については，本社の人材開発が最も重要であるという。ヤング，シニア各階層の国際ビジネスマンを育成し，職務能力，対人能力を身につけたマネージャーを育成していく必要を述べられている。

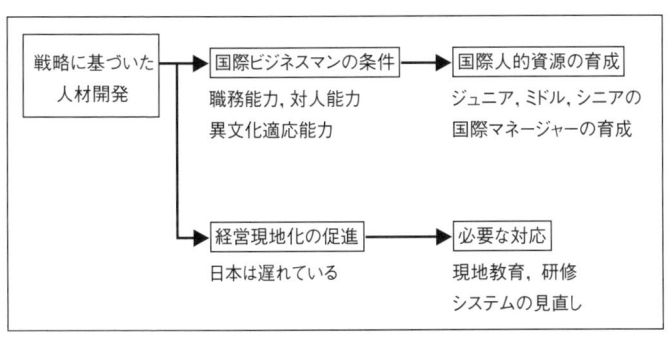

図2-1　国際人事管理の内容の例
（『国際経営』安室憲一，日本経済新聞社，p82）

これだけでは日本的な人材育成の議論であり、日本企業が海外進出するためのハウツーものの域を出ない。現地派遣をいかにうまくやるかという観点だけから述べられている。もちろん経営現地化の促進という項目もある。経営現地化のさまたげとなっているのは、①日本的給与制度を採用しており能力給を出せないから、②転職をおさえられないから、③現地人を責任ある地位につけないから、④コミュニケーションが悪いから、という原因があげられている。あまりに日本的な手前勝手な分析ではないだろうか（同上、p88）。

　さらに経営現地化を解決するためには、会社のフィロソフィを伝える必要のあることと現地社員を育成するために日本人の優秀な社員を育成し日本から派遣しなければならないことが力説されている。

　会社のフィロソフィを一元的にしっかり伝え、受入国の社員を育成し彼らを動機づけ、権限を委譲（経営の現地化）するためにはまず初めに優秀な海外要員の育成がなければなりません。まず優秀な国際人材を育成し万難を排してでも彼らを現地に派遣することです。(『国際経営』安室憲一、日本経済新聞社、p90)

　これでは根本的な解決にはならない。個人をいくら送りこんでも、送られる個人も迷惑だし現地側も困ってしまう。日本の人事管理システム自体がおかしいことをどうして論じないのだろうか。

2. 茂垣広志説

　安室憲一説は組織問題と同様，本が書かれた1993年という時点がすでに古くなっているのだろう。日本人の派遣は1990年代頃の日本の繊維や家電産業の海外進出における，さしせまった問題であったと考えてもよいのだろう。まず人材派遣がすべてに優先したと考えられる。

　ただしこの傾向は現在でも続いている。2001年に出版された根本孝編の『国際経営を学ぶ人のために』の第12章「国際人事管理」（茂垣広志）では，日本人はかたよった人事管理をしていることは認めている。しかしこれを改善するためとして，やはり日本人のエクスパトリオト（海外派遣）の充実を提案している。国際人事管理の改善方法がエクスパトリオトの管理手法にすりかえられている。

> 　海外派遣者の選抜と処遇が最も重要である。技術やノウハウの移転でもそれらの人に具現化されたものの移転がなされる。本社と子会社間のコミュニケーションのためにも，グループ経営の理念や方針の共有化とともに従来日本国内で蓄積された知識ノウハウの移転が必要である。
> （『国際経営を学ぶ人のために』根本孝他編，世界思想社，p220）

　ここでの問題は，国際人事管理がエクスパトリオトの派遣で解決される可能性が高いといっているだけではない。もっと悪いことは，日本本社からの理念や方針を一方的に現地に根づかせることが重要だと強調していることである。本社の

人事部からの全社統一された人事システムの標準が理想的であるという考えが背後にある。現地側の多種多様な異質性は一切考慮されていないようだ。

　国際経営における人事管理の重要点を価値観の違いによる対立の解消とみる数少ない文献もあることはある。

> 　現地経営上で国籍を異にする従業員の間では考え方が違うのでコンフリクトがおこる。今までは同一文化の市場要因に対応することを目的としたプログラムであったがこれからは異質の価値観に対応したコンフリクトの処理を考える必要がある。
> (『テキストブック国際経営』 山崎清他編，有斐閣，p192)

　しかし，この議論も現地会社の国籍の違う従業員の個人間のコンフリクトの解決の視点しかない。本社と現地会社の間の異文化コンタクトによるシステム的な問題点にはふれられていない。個人コンフリクトの解決だけでなく，国際経営における人事システムの異文化的アプローチがより重要となってくるであろう。

第2節　国際人事管理の決定要因

1. 従来の国際人事管理論の整理

　今までの国際経営論における人事管理の研究は，前節でみた通り下記のことが議論の中心であった。

① 国際経営の人事管理についての最重要の関心は日本からの派遣社員の選抜，運営，評価であること。
② 本社の人事部門からの全社統一の人事システムが望ましいこと。会社全体の人事フィロソフィの伝達や共有化が重要であること。
③ 進出先の国の労働事情，文化，価値観などが反映されていないこと。現地からの視点が一切ないこと。

こうした従来の考えでは，国際的にみて日本の国際経営の異端性が強調されるばかりである。1970年代から80年代の日本の海外進出にともなう人事管理の問題点を後追いし，対症療法を考えるだけであった名残である。今後の日本企業の国際的展開に役立たない議論であるといわれてもしかたがない。まして日本国内で今問題となっている外資系企業の人事管理については，まったく当てはまらない。世界的にみて，多国籍企業のグローバリゼーションの分析にも資するところがない。

2. 国際人事管理の決定要因

　国際経営の人事管理は上記の結論を否定するところからはじまる。われわれの議論の前提としては以下の三つが考えられる。

① 日本からの海外派遣を最小限の人数にして運営できるシ

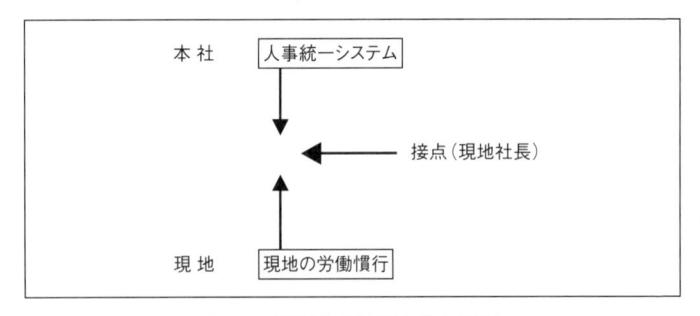

```
本社    人事統一システム
              ↓
              ← 接点(現地社長)
              ↑
現地    現地の労働慣行
```

図2-2　国際人事管理の決定要因

ステムを考える。

② 現地における労働慣行を尊重して全社的統一システムの押しつけをなくす。

③ 価値観の違いを強調した異文化アプローチをとりいれる。

こうした前提にたつと組織論の場合と同様に人事管理の場合もグローバリゼーションとローカリゼーションの対立が上のように図示できる（図2-2）。

この図を常に考慮することで本社と現地の対立をうかびあがらせる。本社の人事統一システムが一方的な命令として現地に伝達されることなく，現地の地域別，業界別の人事管理の慣行をとりいれて決定されていく仕組みをつくることが第一である。この両者の接点に現地社長（個人ではない）の役割がある。日本企業の海外進出の場合は，こうしたグローバリゼーションとローカリゼーションの対立を無視してきた。人事管理がうまくいかぬときは，本社から人員を派遣して現

地をなだめると共に，本社の人事指令をなんとか浸透させようという無駄な努力をこころみてきた。

3. 日本からの海外派遣を最小限にする

　日本企業はこれ以上海外派遣要員を強化する必要はない。現地人で運営できるシステムに早くきりかえることである。本社からの政策や技術の共有，伝達にはどうしても日本人が必要だという人がいる。しかし，それこそが，日本の海外人事管理を悪化させてきた一因である。まず最小限にしてみて考えるという荒療治をする時期にきている。

　世界的にみて多国籍企業のトップマネージャー層の海外派遣者の国籍別比率を，R・コップの調査からみてみよう。コップの分析からすると海外子会社のトップマネージャー層の国籍別割合をみると圧倒的に日系企業は欧米に比べて日本人比率が高い。また子会社における管理者層でも日本人の派遣割合が非常に高い。これは統計的にみるまでもなく実感として比較できる。ある自動車会社や半導体会社では，アメリカの工場に現地人マネージャーだけでなく同じ機能をもつ日本人管理者を同人数だけワンセット投入していたこともある。（表2-1，表2-2）

表2-1　日米欧多国籍企業における海外子会社のトップマネージャー層の国籍別割合(％)

本社国	本社国籍	現地国籍	第三国国籍	計
日	74	26	0.2	100
欧	48	44	8	100
米	31	47	18	100

(『国際経営を学ぶ人のために』根本孝他編,世界思想社, p215)

表2-2　日米欧管理者,一般従業員の現地国籍人比率(％)

本社国	管理職の現地国比率	一般職の現地国比率
日	48	82
欧	82	91
米	88	98

(同上)

ところがその裏返しであるが,日本国内の外資系企業では日本人社長の割合が非常に高い。これが奇妙である。(表2-3)

表2-3　日本の外資系企業社長の国籍別割合(％)

外国人	日本人	その他	計
132(31％)	265(65％)	24(6％)	421(100％)

(『国際経営』吉原英樹,有斐閣, p253)

　日本企業が大量に海外派遣者を出していることは国際的にみて異常である。一方,日本における外資系企業の社長の三分の二が日本人である。日本人が海外派遣を強化する議論があるのは時代錯誤もはなはだしい。日本において日本人社長を認めるなら,海外子会社においてどうして現地人社長を採

用しないのだろうか。理論的にはなりたたない。

　人事のローカリゼーションが進まないことによる弊害は根本問題となっている。現地人のやる気がおこらない政策をとりつづけている。例えば，

① 現地人の昇進が遅くトップになれない。
② 従って転職してしまい，従業員が根づかない。
③ 日本人トップは永続性がない。
④ 人事がフェアであると認識されない。
⑤ 派遣者は日本本社の方ばかり向いている。

　日本本社からの一元化政策をした結果の欠点が目立つ。こんな中で，日本からの派遣を少なくできない理由としては，

① ノウハウ，技術は人が教えていく必要がある。
② 本社のコントロールがきかなくなる。
③ 本社とのコミュニケーションを容易にしたい。

などがあげられている。しかしせんじつめれば，うまくゆかないのは今でも現地で日本語によるマネジメントが主流を占めているからである。

　英語によるコミュニケーション，技術の伝達が導入されないと今後とも日本人派遣は少なくできないであろう。この点で『英語で経営する時代』（吉原英樹他，有斐閣）は参考にな

る書物といえる。もちろん明るいニュースもある。2002年1月4日付の日本経済新聞によれば，ホンダの次期アコードの開発責任者に米国ホンダのチャーリー・ベーカー氏が任命されたという。従来ホンダのアコードは最大の収益車種であり，開発は日本人が日本国内で担当するのが常識だった。またソニーの米国子会社では英語が正式なマネジメント用語として使用されるようになっている。日本国内でも台湾のUMCと日立製作所の合弁であるトレセンティ・テクノロジーズ社では従業員に発表する書類，指示は必ず日本語と英語が併記されている。

4. 現地における労働慣行を尊重する

　人事管理施策の領域としては，人事計画，能力開発，人事配置，人事評価，福利厚生および労使関係などが主要なものとしてある。

> 人的資源管理施策は人的資源の採用，配属，評価，能力開発，報酬，労使関係，福利厚生，コミュニケーションなどの諸機能を有する。
> (『経営学再入門』手塚公登他編，同友館，p76)

　従来の日本型モデルでは本社からの海外派遣者により，本社の統一システムが現地の最末端までいきわたることが理想とされてきた。これは理論的にも運営的にも無理がある。機

能ごとにどこまでローカリゼーションをみとめるか，課題別に一つずつ具体的に現地の状況を勘案して決定していく必要がある。

① 人事計画——本社での全体像は必要である。しかし，米国企業でよくみられるように本社からの計画が人数だけの管理におちいりやすいことに注意する必要がある。外注や残業時間を考慮しない人数管理は意味がないのだが，往々にして人数だけで管理したと思い込んでいる場合が多い。ここで人事のビジョンや，企業の文化なども検討され全社で共有されるべきである。

② 能力開発——米国系企業よりも日系企業の方が教育には熱心である。アメリカでは能力開発のセクションがない場合も多い。ただし実際に企業に必要な教育がなされているかどうかは別問題である。顔合わせだけの形式的な研修会やビジネスに関係のない教育が非効率的に実施されている場合も多い。とくに本社主導の場合に注意する必要がある。

③ 人事配置——採用，配属，給与決定など，人事施策の中心をしめる。現地のキイパーソンの採用には現地だけでなく本社のインタビューがとりいられているところが多い。しかし本社のインタビューでは語学面での能力が問われるだけで，実際の職務能力は現地サイドでないとわからぬことも多い。現地サイドの意見の尊重がどうして

も必要な分野である。
④ 人事評価——本社からは統一システムとしての評価表が要求される。しかし，現地では現地独自の評価表を作成している場合も多い。組織が品種別事業部重視の場合は，現地で一次評価がされても最終評価は本社の品種別事業部でなされる。こうした場合現地サイドでは，各セールスマンはいつも本社の品種別事業部の顔色をうかがっているという事態となる。
⑤ 福利厚生——国別，業種別に多様な対応が必要である。米国では年金制度として401Kがあっても，他国では何のことかわからない。休日や，社会保険，勤務時間，慶弔金，出張規定，服務規程など各国で千差万別である。ボーナスすらあるところとないところがある。本社が統一するという問題ではない。就業規則としてJob Handbookにまとめられることは多いが，国別に大きな相違がある。退職手当であるSeverance Paymentなどもアジア各国で日本ほど手厚くはないが，法的にみとめられているところも多い。
⑥ 労使関係——本社が介入することで悲劇がおこる。セクハラ問題や人種差別，労働争議について，現地の専門家の指導なくしては一歩もすすめない。

以上をイメージとしてまとめると以下の表2-4のようになるだろう。

表2-4　国際人事管理主要課題別の本社と現地の役割

人事管理課題	本社と現地の役割
①人事計画	
②能力開発	本社の
③人事配置	統一システム
④人事評価	
⑤福利厚生	現地の労働慣行
⑥労使関係	

第3節　異文化アプローチの必要性

今まで，日本からの派遣者の低減，現地の労働慣行の尊重について述べてきた。異文化アプローチの必要性についてはここで従来の研究成果を合わせてまとめてみよう。

1. 異文化経営の研究

異文化経営の研究については膨大な歴史があるが，ここではその中で異文化コミュニケーションという分野のホールと，ホフステド，さらに異文化経営という面で林吉郎教授の理論を説明してみよう。

① エドワード・ホール（Edward Hall）の説

1976年の『文化を超えて』という本の中で，人間のコミュニケーションの中では心理的，物理的な「文脈」とか「環境」を意味する「コンテクスト」が重要であるという説を出した。コミュニケーションを行う者同士が共有する暗黙の前提条件

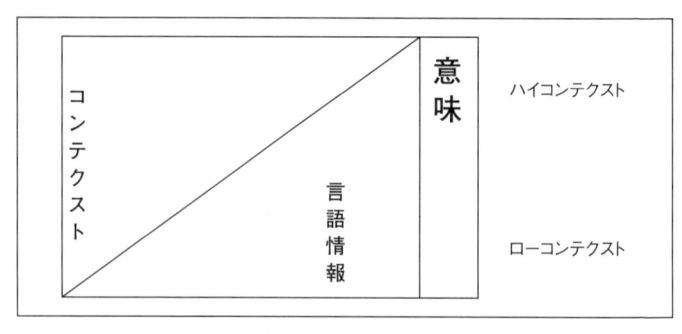

図2-3 文化コンテクストと情報の関係

(『異文化経営論の展開』馬越恵美子, 学文社, p51)

がコンテクストである。高コンテクスト文化では文脈とよばれる共有の前提条件が多いため、言語による情報はあまり必要ない。一方低コンテクスト文化ではコンテクストに依存しないため言語をつかっての明確な情報が必要となる（図2-3）。

日本では一を聞いて十を知る、アウンの呼吸がビジネスでは大切である。マネージャーが「あれをたのむ」といえば課員は何ですかと聞かなくてもやることができる。しかし文化の違う国で低コンテクスト文化であるとそうはいかない。言葉と文書で明確に提示しないと通じないのである。

②ホフステド（Geert Hofstede）の説

オランダ生まれのホフステドはIBMの40カ国の現地法人に対して11万人の調査を行った。彼は国別の経営文化について、①権力格差、②不確実性回避、③個人主義か集団主義か、④男性度対女性度、の四つを比較している。

例えば権力格差については、アメリカや日本に比べ、スウ

ェーデンやスイスは上司がすべてを指示するというスタイルはうけいれがたい文化であるという。このためマトリクス組織がむしろうけいれやすいと考えられる。彼の分析では，とくに個人主義か集団主義かの国別比較は興味深い（表2-5）。

表2-5　国別の個人主義指標順位（個人主義が高位の国から）

1.	アメリカ	11.	フランス	43.	韓国
2.	オーストラリア	15.	ドイツ	44.	台湾
3.	英国	20.	スペイン	45.	ペルー
4.	カナダ	23.	日本	48.	インドネシア
5.	オランダ	27.	ブラジル	50.	ベネズエラ
6.	ニュージーランド	30.	ギリシャ	52.	エクアドル
7.	イタリア	32.	メキシコ		
8.	ベルギー	37.	香港		
9.	デンマーク	39.	シンガポール		
10.	スウェーデン	41.	タイ		

（『異文化経営論の展開』馬越恵美子，学文社，p88）

これをみると，アメリカが一番個人主義が徹底している。日本は中程度であるが，アメリカとコンタクトする場合には日本の集団主義は目立つ。ただし日本が東南アジアや中南米の国々に比べて個人主義度が強いというのは注目に値する。そうした国と接触する場合は彼らは日本よりもグループ意識が強いことを認識しておく必要がある。

③ 林吉郎の説

1994年の『異文化インターフェス経営』という本の中で，林吉郎教授は日本企業の組織をO型（有機Organic），アメリカ

企業をM型（機械的Mechanic）としている。日本型はアナログ型，欧米型をデジタル型ともいっている（図2-4）。

欧米型では各組織の構成員は決められたことしかやらない。一方O型では自らの仕事以外の境界をこえて共有部分をもっているというのである。M型では「その問題は誰の責任か」が問われる。O型は「どうすればその問題は解決するか」という展開になるといわれる。日本型はアナログであいまいな組織づくりであり，欧米型は組織図と職務記述書できっちりと定義された組織運営となる。

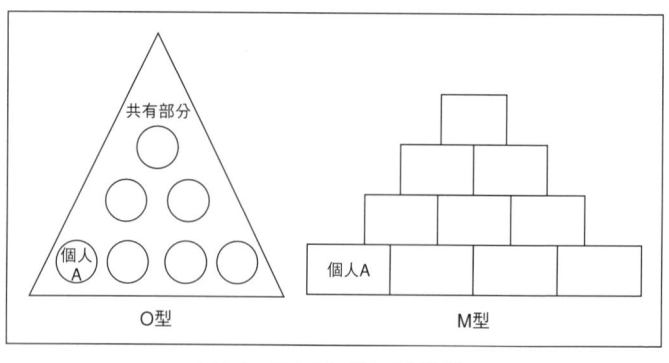

図2-4　日本と欧米の企業組織

（『異文化インターフェス経営』林吉郎，日本経済新聞社，p57）

2. 国際人事管理における異文化アプローチ

具体的にアメリカと日本とでどんな文化的差異があるか，それが本社と現地でどういう対立となってあらわれるかをみてみよう（表2-6）。

① 職務設計——人事配置の中で職務設計は重要だが,林吉郎教授のいうとおり,アメリカの企業では職務記述書が明文化されている。新任の従業員は第一日目はまず組織図と職務記述書を自分の机にはりつけることから仕事を始める。日本では職務記述書があっても実際の業務はあいまいである。まさにデジタルとアナログの違いがある。日本では野球でいえば野手の間にとんだ球をひろいにいくのが日常の仕事だが,アメリカでは誰の責任かをみつけ出すのが仕事となる。

② 採用——日本では新規に学卒を一括して採用し,社内で教育していく。アメリカでは,あるポジションに適当な人材を随時採用するのが基本である。したがってアメリカでは,入社当日から当該業務をこなしていくことが求められる。先輩に酒の飲み方から教えてもらうことは期待できない。人事部や教育部の力は弱いし,能力開発を社内ですすめていこうという力もアメリカでは稀薄である。

③ 配属——日本では人事部が力をもっている。アメリカでは直属の部長が決定権をもつ。社内での人事部の力についてはアメリカは相対的に弱い。女性の人事部長が多く,むしろ調整役としての機能が求められている。配属のローテーションや,キャリアパスなどの機能はアメリカでは少ない。

④ 人事評価——ここでは国別にホフステッドの個人主義指

標があてはまる分野である。日本では個人の人事評価システムは存在するが，厳密に管理されているとはいいがたい。年功序列，チームの業績が優先する。アメリカでは個人個人の目標と達成度により，毎年，客観的に個人の成績が定量的に評価される。それが昇給，ボーナスに個人として反映される。日本では業績が上がっても個人に還元せず，せいぜいグループで分配するというアナログ的な処理が大切である。職務も個人プレイでなくチームワークが自然に採用される。アメリカでは常時チームワークを声高に叫んでいないとチームは結成されない。アメリカの会社では従業員の目標としてなによりチームワークをかかげるところが多い。そうでなければ個人個人がバラバラになってしまう。

⑤ 高コンテクストの失敗——東南アジアのある国に派遣された日本人マネージャーが一年目の業績がよかったのでボーナスを多めに出した。二年目はやや業績が悪くボーナスを低めにしたら，従業員は反発してストをおこした。日本人とすれば，一年目によくしてやったので，二年目はいうことを聞いてくれるだろうと暗黙の仮定を設定した。従業員とすれば，一年目はあんなによかったので二年目はもっと出るだろうという予想があったので，両者の言葉や文書によるコンタクトがないため期待が完全にずれてしまったのである。高コンテクスト文化の日本は，言わずともわかるという仮定が強すぎて失敗する。

表2-6　人事管理項目の日米比較

人事管理項目	米　国	日　本
1. 人事計画	短期的	長期的
2. 能力開発	少ない	多い
3. 人事配置		
職務設計	職務記述書	あいまい
採用	随時, 経験者	一括, 新卒
配属	ライン部長決定	人事部長決定
勤務管理	命令指示	自発的
ローテーション	機能的	長期的, 人事部関与
4. 人事評価		
報酬	職務別	経験
昇進	能力	年功
評価	実績主義	あいまい
業務	個人	チーム
職務態度	家庭中心	会社中心
5. 福利厚生	金銭（ストックオプションなど）	旅行, レクリエーション施設
6. 労使関係	産業別組合	企業別組合

3. 国際人事管理の将来

　今までは日本の人事管理がそのまま続くような前提で話をすすめてきた。しかし，日本の美徳とされた三種の神器である，年功序列，終身雇用，企業別組合は早晩完全に崩壊するだろう。それにともない，国際人事管理と現地のローカリゼーションとの関係も変わらざるをえない。

　本社から要員を派遣する制度はコスト面からみても非効率である。本社からの全社的統一システムの押し付けもなくなるだろう。そして一部分にでも英語によるマネジメントが実

施されてくると，現地を含めた国際人事管理は激変の可能性を秘めている。

　本社からの統一システム導入が悪いのではない。常に現地の労働慣行との緊張関係が必要なのである。グローバリゼーションとローカリゼーションの対立と交渉の中から新しい人事管理ビジョンが生まれる。

　国際人事管理の決定にはいろいろな型があることは事実である。パールムッターは代表的なものとして四つの型をあげている。

> 　パールムッターは、人的資源管理対策が本社中心に策定される自民族（本国）中心型，それがワールドワイドに策定される地球全体型，それが子会社レベルで策定される現地中心型、さらにそれが地域レベルで調整される地域型という4つの概念を提示した。
> 『国際経営論への招待』吉原英樹編，有斐閣，p143)

　パールムッターの四つの型については結果として分類上そういう形態はあることは認める必要がある。しかし大切なのは本国中心型と現地中心型がグローバリゼーションとローカリゼーションという二つの波を通して異文化コンタクトというステージでぶつかり合うことに注目する必要がある。こうした本社中心指示型と現地慣行重視のディレンマは永続的に調整されるべきものである。

　また，日本の外資系企業の雇用比率（全雇用者数に対する

外資系企業の雇用者数の比率）は海外主要先進国に比較して極端に低い（表2-7）。

表2-7 各国における外資系企業の雇用比率

	％	統計年
日 本	0.7	99年
アメリカ	5.4	99
ドイツ	4.8	99
イギリス	17.4	97
イタリア	10.8	98
フランス	28.9	98

（『2002年ジェトロ投資白書』日本貿易振興会, p77）

今後，日本のクロスボーダーM＆A（国境をこえた買収）や外資の直接参入が増えてくるに従い，この比率は急激に上昇すると思われる。そして，いわゆる国際人事管理が，外資系企業のローカリゼーションという観点から注目されてくることが予想される。

まず，日本における外資系企業の社長の日本人比率はもっと低下して，外国人社長が増えやっと国際的になるだろう。日産のカルロス・ゴーンを筆頭として，三菱自動車，マツダなどでも外国人社長の活躍が報道されている。英語がしゃべれるだけで外資系企業を渡り歩いている日本人の外資系社長は排除される。

外資系企業の人事管理については日本の同業者からの情報不足と外国本社の理解不足のため，日本の労働慣行がなかな

か浸透しない。現地社長の一層の努力が必要とされるところだが，官公庁，業界団体などの広報の拡充が望まれる。人事管理における異文化アプローチについて，ある研究では「国の文化」より「企業の文化」の方が重要度が高いと主張されているものもある。この場合国の文化の違いがなくなっているといわれている。

> 現地社員と日本人駐在社員の意識の差を分析すると「国の文化」より「企業文化」の方が重要度が高いことを示し国の文化の重要度の相対的低下が確認された。
> (『異文化経営論の展開』馬越恵美子，学文社，p4)

しかし，残念ながら企業文化と国の文化は別次元の問題である。昔から企業文化の確立してきた会社では問題がおこることは少なかったが，国の文化の差異の問題は存在した。また，全体的にみて企業文化が国の文化にとって変わることは短期間には考えられない。距離と，時間が大幅に短縮されて「国の文化」という壁は消滅しつつあるという認識ではグローバリゼーションだけを考えて，ローカリゼーションの力をみていない議論ということになる。

第3章
国際マーケティング

　マーケティングの理論構成は組織や人事とは相異なる。マーケティングは企業外部の顧客を対象としたものだからである。歴史的な成立状況からみて，マーケティング理論は「生産したものを売る」ということから脱皮して「顧客が望んだものをつくる」という消費者思考の考え方で早くから統一されてきた。

　グローバル化した各国市場に対して全体的標準のマーケティングが必須であるとのべる人もいる。しかし末端の消費者を重要視すればするほど，ローカリゼーションを強化して現地適応化が望ましいという議論も根強い。

　ここでは，その中でとくに世界標準化と現地適応化の対立についてのべてみよう。

第1節　国際マーケティングの理論

1. 世界標準化と現地適応化

世界標準化と現地適応化の対立については，ほとんどのテキストブックにとりあげられている。

> 伝統的な国際マーケティング論における研究パラダイムは国際マーケティングミックスの世界標準化対現地適応化であった。1970年以降国際マーケティングミックスを標準化すべきか現地適応化（カスタム化）すべきかといった規範論が双方のメリットとデメリットを指摘しながら展開されてきた。
> (『理論とケースで学ぶ国際ビジネス』江夏健一他編，同文館，p160)

双方の力のうちどちらが強いかについていろいろ議論がわかれるところである。下記の通りある教科書では現地調査に基づき，マーケティングについての決定権は現地国にあるとしている。マーケティングでは現地適応が優先していると結論づけている。

> マーケティングの意思決定のイニシアチブを子会社がとるか本社がとるかが，まず問題となる。過去に実施されたいくつかの調査結果によれば，販売やマーケティングに関する決定権は他の機能分野に比ベホスト国側（現地国）に権限が委譲されているケースが多い。販売やマーケティングはローカルな問題であると割り切った考えが多い。
> (『国際経営を学ぶ人のために』根本孝他編，世界思想社，p145)

一方他の教科書ではコカ・コーラはどこでも同じ味であり，ルイ・ヴィトンはパリでも中国でも珍重されるので市場のほうがグローバル化しているという。世界標準化が今後の主流であると結論づけている。

> マーケティングの全世界的標準化傾向は商品化計画に大きくあらわれてきており，各国で販売されている製品でラベルやマニュアルの言葉以外の物的内容は同一であるという世界的製品ができてきている。こうなるとプロダクトサイクルの衰退期でも発展途上国では導入期商品として売れ，国によって異なった市場セグメントを対象にできるという利点があり全世界的製品への統合化がすすんでいる。
> (『テキストブック国際経営』山崎清他編，有斐閣，p185)

そればかりではない。最近ではグローバリゼーションとローカリゼーションが同時に達成できるというグローバルマスカスタマゼーションの理論もでてきている。

> 従来国際マーケティングミックスでは世界標準対現地適応化が論議のもととなった。しかし世界の消費者の間で差別化商品を安く購入したいという共通の願望をみごとに反映したものがグローバルマスカスタマゼーションである。それは世界の顧客ごとにカスタム化した製品やサービスを低コストでかつ高い品質で届けることである。
> (『理論とケースで学ぶ国際ビジネス』江夏健一他編，同文館，p158)

その結果，今までの世界標準と現地適応の対立はなくなってしまったというのである。

> 一つの製品やサービスの中に共通化と差別化を同時に内包するようなグローバルマスカスタマゼーションを実施できる企業が競争優位に立つようになったため「国際マーケティングミックスの世界標準化対現地適合化」という対立概念自体重要性を失うようになった。
> (『理論とケースで学ぶ国際ビジネス』江夏健一他編，同文館，p159)

われわれは以下，グローバルマスカスタマゼーションによりグローバリゼーションとローカリゼーションの対立がなくなっていく方向にあるのかどうか検証してみよう。

2. 国際マーケティングの決定要因

世界標準化のメリットは何であろうか。本社側としては各国市場での販売コストの重複が避けられるとか，スケールメリットがあげられるとか，国際的に一貫した製品イメージやブランドイメージが構築できる，などが考えられる。

一方現地側とすれば，市場ごとに消費者の嗜好が違い，購買パターンが違うと主張する。究極的に顧客を満足させることができるとするのは現地化商品だという。

商品の特性からみて，消費財よりも生産財，ローテクよりもハイテク製品が，マーケティングを標準化しやすい要素を

表3-1 マーケティング活動の国別類似度と相違度（％）

	世界共通	各国似ている	どちらともいえない	国によってやや異なる	国別に異なる	計
1.広告テーマ	16	59	8	11	5	100
2.広告媒体	8	47	18	11	16	100
3.販売促進	11	29	24	18	18	100
4.流通チャンネル	5	43	25	18	10	100
5.価格政策	9	28	28	26	9	100
6.販売組織	11	30	20	27	11	100
7.トレーニング	13	39	20	22	7	100
8.製品保証	30	54	9	2	4	100
9.サービス	13	70	13	2	2	100
10.ブランド名	59	35	2	2	2	100

（『国際経営学を学ぶ人のために』根本孝他編，世界思想社，p146）

もっている。マーケティングの個別項目別に標準化と適合化の度合いが違う。これを示すと表3-1のようになる。

これによれば，各テーマごとをみると，販売促進，流通チャンネル，価格政策，販売組織などは国別に異なっていることがわかる。一方広告テーマ，広告媒体，製品保証，サービス，ブランド名などは世界共通に使われていることが多いことがわかる。

また同じ業種でも企業によって標準化と適応化の度合いが随分ちがう場合がある。半導体製造装置業界でもノベラスは世界標準品をグローバルに販売しているのに対しラムリサーチは日本で現地適応化品を製造してきた。各企業の商品戦略により，現地適応化の度合いが異なる。

グローバリゼーションとローカリゼーションの対立は組織

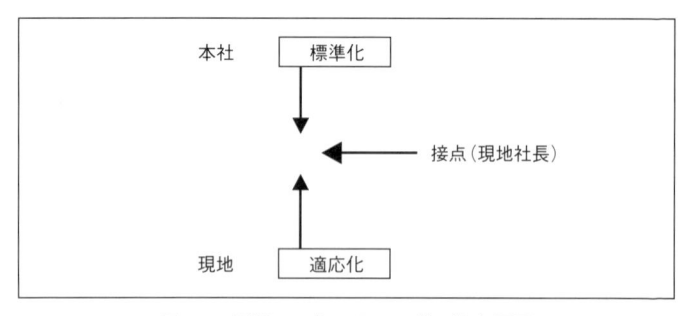

```
        本社 ┌─────┐
             │ 標準化 │
             └─────┘
                │
                ▼
                ◄──── 接点(現地社長)
                ▲
                │
             ┌─────┐
             │ 適応化 │
        現地 └─────┘
```

図3-1 国際マーケッティングの決定要因

問題や人事管理の場合と同様，国際マーケティングでも大きな問題となっている。他の章で示したのと同じように，国際マーケティングの決定要因を図式化すると上のようになる（図3-1）。国際マーケティングの決定は標準化と適応化の接点でおこっている。

　本社側の標準化に対する要請に対し現地側は適応化によるベネフィットの主張を試みる。両者の絶えざる対立と交渉によってバランスされた結果，国際マーケティングの各プロセスが決定される。

3. グローバルマスカスタマゼーションの評価

　グローバルマスカスタマゼーション（GMC）はJ・パインのマスカスタマゼーション理論（『マス・カスタマゼーション革命』 江夏健一訳，日本能率協会）にくわしく説明されている。それによればGMCを達成するためには次の五つの方法があるという。

> ① 完全に標準化された製品であっても顧客の手に渡る前の段階で販売と配送に携わる人によってカスタム化する。
> ② 本質的には大量生産製品であるが、個々の顧客に対してカスタム化が可能な製品やサービスを開発段階で作り出す。
> ③ 標準化された部分を配送した後にカスタム化した部分を生産し配送する。
> ④ 開発及び生産のサイクルタイムを短縮化し、販売時に商品選別や受注処理サイクルタイムを短縮化し、配送サイクルタイムも短縮化する。
> ⑤ 最終製品やサービスをカスタム化するためにコンポーネントをモジュール化する。
> (『理論とケースで学ぶ国際ビジネス』江夏健一編、同文館、p158)

 このGMCの五つの方法は革命的なものであろうか。結論的にいうとこの五つはいずれも目新しいものではない。①は現地適応の最も古典的な方法である。例えば半導体製造装置のアメリカ製品は日本に輸入されると、輸入商社や現地子会社の手でカスタマイズされて日本の消費者に出荷されてきた。そのために、うるさい日本のユーザーは外国製品でも満足してきた。

 日本のユーザーは厳しい。改良要望を常に供給者に伝える。その中で一回限りのカスタム化でなく標準部分として本社の開発段階からくみこまれるものは当然存在する。日本でのカスタム化だけでなく、他の地域における、他のユーザーにも適応できるものは本社でのつくりこみの段階で設計部隊に伝

えられ準標準品として本社で製造される。これが②の手法である。

その結果標準化された部分とカスタム化された部分は別々に日本に出荷されてくる。これが③のやり方である。

④についてはGMCとは直接関連はない。いかなるときにでも企業はリードタイムを短縮する努力を怠っていない。資本の回転期間をはやめるため, 開発, 製造, 受注, 配送のサイクルタイムをおのおの縮め, 在庫を圧縮する工夫は常に行っている。

⑤についてもGMCとは直接関連はない。部品のモジュール化はコストダウンと生産管理の適応化のため常に目標とされる項目である。カスタム化するためにモジュールを増やすことは本社側ではきらわれる。しかしゼロから組み上げるよりも, 日本用のモジュール, 台湾用のモジュールなど, 実際は別生産しておいてあとで結合する方式がとられている。モジュール生産はいまや世界の標準生産方式の一部となっている。

以上みたように, GMCが標準化と適応化の対立を解消したというのではない。GMCは適応化の重要性が競争力強化のために再認識されたということである。GMCといってもグローバリゼーションとローカリゼーションの永遠の対立を解消させるというほど大げさなものではなかった。GMCが盛んになってきたのは, カスタマーサティスファクションをあげるため本社もまきこんだ適応化が全社的に進化したためである。**GMCは, 本社もまきこんだ適応化であると定義づけられる。**

しかも，GMCの将来も考える必要がある。GMCが高度にグローバルに展開されてくると，本社側はGMCをさらに超越した世界標準品を求めることになる。これは全体コストの削減ターゲットからみて当然である。このためグローバリゼーションとローカリゼーションのディレンマはさらに深まる。グローバルマスカスタマゼーションだけで終わらないところが，ダイナミックな現実の動きである。実際例えば半導体装置のアプライドマテリアルズなどの製品では，日本でのカスタマイズ品が標準化されて，台湾，韓国，中国に，また，米国にまで出荷されていく例があった。一地域の適応化が全体への標準化をうながす例である。

第2節　海外生産とデファクト・スタンダード

1. 国際マーケティングと海外生産

世界標準化と現地適応化の対立に加えて，本社での生産と海外生産のマトリクスを図示してみると下のようになる（図3-2）。

	本社生産	現地生産
世界標準（標準品）	グローバル品	空洞化品
現地適応（カスタム品）	GMC品	ローカル品

図3-2　マーケティングと海外生産の関係

本社で生産され，世界に標準品として出荷されるものをグ

ローバル品と名付ける。標準品で現地で生産されるものは空洞化品，本社で生産されるがカスタム品であるものは前節でみた通り，GMC品，現地生産などでそこでしか通用しないものはローカル品である。

GMCについては現地側の影響力が強く顧客の要望をうけるベネフィットが，全体のコストを上回る限り今後とも続くであろう。しかし本社の製造に携わっている工場側は規模の利益によるコスト低下を達成するため，恒常的にカスタム品よりも標準品の製造を望む。

例えば半導体生産では，日立のトレセンティー・テクノロジーでミニスケールの工場生産が大量生産工場のコストに負けないという生産システムが実験されている。しかし，まだ一般的とはいえず，グローバル品の大量生産コストに小規模

デジタルカメラ	富士フィルム	1996／6
	ソニー	2001／12
	オリンパス	2002／4
	三洋	2002／3
デジタルテレビ	東芝	2001／4
携帯電話	東芝	2002／1
	NEC	2002／6
	松下	2003／1
パソコン	ソニー	2002／1
DVDプレーヤー	パイオニア	2001／10

図3-3 電気製品の中国生産シフトの例

（日本経済新聞　2001年12月9日）

第 2 節　海外生産とデファクト・スタンダード　55

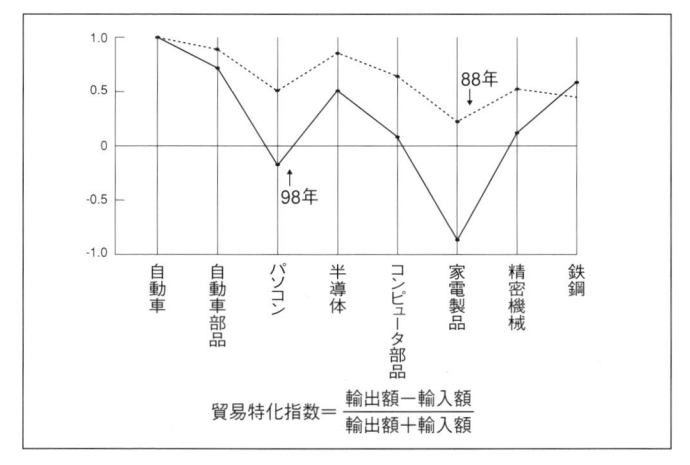

$$貿易特化指数 = \frac{輸出額 - 輸入額}{輸出額 + 輸入額}$$

図3-4　対東南アジア貿易特化指数

（日本経済新聞　2002年1月4日）

カスタム品のコストが同等以下であるとは立証されていない。

　標準品を現地生産するという空洞化現象は日本の製造業が中国へ進出しているという現象によくあらわれている（図3-3）。

　とくに日本からは最近，電気，自動車などの中国への生産シフトが恐ろしいくらいすすんでいる。

　製品の比較優位という点で貿易特化指数（図3-4）をとってみると，日本では1988年から1998年の10年間で自動車部品，パソコン，半導体，コンピュータ部品，家電製品などで貿易特化指数が大きく低下している。多くの日本企業がこれらの組立工程の低コストを求め東南アジアにシフトしたせいである。これを組立てた製品が日本へ逆輸入されると完成品の指

数が下がるのは当然である。

　ローカル品は地域の需要を地域で満たすという発想からでている。マーケティングにおいても，ブランド名の利用，既存チャンネルの利用などが主となりそれ以外は地域生産を優先するというやや異なった方向を示すものである。これもローカル市場が戦略的に意味のある場合はよく利用される。例えば花王がタイで特殊な洗顔剤を開発しているとか，アメリカで国内向に入浴剤を売り出しているとかの類である。ブランド名と既存チャンネルを利用してのローカル品の展開ということになる。

2. デファクト・スタンダード

　1990年代以降，デファクト・スタンダード（事実上の世界標準）に関する議論も盛んである。従来の世界標準を求める戦略とはやや異なる。新製品導入期に自社の標準で世界の製品規格を統一してしまおうという戦略である。DVDにおける松下とソニーの競争が有名である。半導体製造装置でもアプライドマテリアルのCVDやKLAテンコールの検査装置などは，消費者にとってそれ以外はない，という意味で，あるいは他のものを購入するには大変な決心がいるという意味でデファクト・スタンダードである。しかし顧客側の対応をみてみよう。グローバリゼーションとローカリゼーションの対立がなくなっただろうか。そうではない。デファクト・スタンダード品自体のローカリゼーションも，常に存在する。デフ

ァクト・スタンダードは新製品開発に際しての新しい世界標準化への戦略として位置づけられているが，次の叙述はやや先走りの感がある。

> デファクト・スタンダードの確立は消費者の製品使用による世界的効用の最大化と世界全体のコスト低減を実現するので，「現地適応化」の概念を無意味にする。
> (『理論とケースで学ぶ国際ビジネス』 江夏健一他編，同文館，p161)

現地適応化はデファクト・スタンダードが存在しても，日々検討されているのが事実である。一方でデファクト・スタンダードにより，こうした論議自体意味がなくなったという極端な議論もある。

> もはや標準化対適応化，グローバル化対ローカル化といった議論の展開によっては世界市場戦争の実相を的確に把握できなくなってきた。あえて別の角度からこの問題のコメントを付するとすれば，いまや標準化and/or適合化，グローバル化and/orローカル化が常識となってきた。
> (江夏健一「国際経営戦略と国際マーケティング」『国際マーケティング体系』 角松正雄他編，ミネルヴァ書房，p52)

確かに理想としては標準化と同時に適合化が達成する道があればよいのだろう。しかしそれまでは決定的に対立している要素を統合できないことも事実である。デファクト・スタ

ンダードがあるからこそ現地適応のニーズも生まれてくるというのが本当のところであろう。現実経済はスタティックではない。いつもダイナミックに動いている。

第3節 国際マーケティングの将来

1. マーケティングミックス

　一般的にいってマーケティング論はマーケティングをいかにすすめるかという戦略という概念でとらえられている。それは市場細分化に立脚した標的市場の設立のプロセスと、それに適応したマーケティングミックスの最適な組み合わせを達成するというプロセスから構成されている。

　市場細分化についてはどんな巨大な企業でもすべての顧客のニーズに応えることは不可能なので、ある特定の市場セグメントを選ぶことが重要であると考えられている。企業がどのセグメントを選び、他の企業に比べて優位性を発揮できるかが重要である。このため、セグメント自体は同一性をもつ必要がある。国際マーケティングにおいて国内市場と海外市場が同一セグメントであるかどうか議論がわかれるところである。違うセグメントであると考えれば、答えは簡単であるが、同一であるとするところにグローバリゼーションとローカリゼーションのディレンマが生じる。

　市場細分化により標的とするセグメントが決定したならば、次にそのセグメントに最適なマーケティングミックスの組み

合わせが重要となる。マーケティングミックスの最も有名なものが、マッカーシーの**4P**である。(MaCarthy, E. J, *Basic Marketing* 5th Ed. Irwin, 1975)**4P**とはProduct（製品），Price（価格），Promotion（プロモーション），Place（販売経路）の頭文字である。この中でPrice, Promotion, Placeについては第2章で述べたように，国別に考えてみたり，ある程度世界標準でやってみたり，変更できる可能性は大きい。三つの項目とも選択とバランスで解決できる。ただし，Productについてはこの章で何回もふれてきたように世界標準品で販売するか，カスタム品として現地適応でいくかは永遠の対立関係にある。ProductはPrice, Promotion, Placeなど他のマーケティングミックス要素を決める最重要の要素となっている。

2. カスタム品の成立と展開

企業の発展が輸出品にとどまっている場合は，標準品として世界中に販売されている。しかし，現地子会社ができて，少しでも現地の消費者のニーズに応えようとすると，現地で最低限のカスタマイズが行われる。例えば，安全基準が本社

中国に売った洗濯機の排水が詰まって困る。これは中国のユーザーが時にさつまいもを洗うからだとわかり排水口を大きくしたという例もある。
（日本経済新聞，2002年5月28日，中国海爾集団，張社長の談話）

国と違えば製品の仕様を変更せざるをえない。

　さらに現地生産がはじまると，製品の基幹部分である製造プロセス（製法）に関係したところでも，現地でカスタマイズしてくれという強い要求が起きる。半導体装置についてはアメリカ製品が日本で現地生産されるようになった1990年代，ハードの外部だけでなく，製造プロセスをうけもつ，生産チャンバー部分のカスタマイズも日本ユーザーの要望でなされた。例えば，アメリカからはチャンバー内への導入ガスが2本と決まっている場合でも，さらに3本のガス導入管をいれて，新しいプロセス用チャンバーを日本現地で開発したという例もある。そのためアメリカ人技術者が日本を訪問して「これは私のつくった装置ではない」とクレームをつけたこともあった。ただしその改良の中には，装置自体の特性を実際向上させるものも多くあり，本社で採用されて，全世界の標準になった例は数知れない。

　ただしこのカスタム化がいきすぎると，最近の日本の場合のように競争力低下に結びつく。例えば半導体製造装置では日本でカスタム化され，結果的に価格の高い装置を購入することになる。台湾や韓国では世界標準品でコストの低い機械を使用して，日本と十分競合できる製品をつくるに至ったのである。日本でも遅まきながら世界標準品で対応できないかどうかの検討がすすめられているが，遅きに失した感がある。

3. 標準化と適応化の将来

 Product（製品）については標準化と適応化のディレンマがいまでも残っている。標準化は確かに供給者に都合がよい。進出国各市場での分断化はなくなり，マーケティングの無駄な重複が避けられる。一方適応化はあくまで，個別市場での最適化がはかれるというメリットがある。

 Productのこうした努力は単にマーケティングだけの問題だけでないことも確かである。研究開発，生産，ロジスティックスなどの各局面での調整も必要である。

 標準化と適応化が二者択一の選択問題でもなく，バランス問題でもないという点において，以下のポーター・竹内の論述は意味深い。

> 競争優位性を確保するため，競争に勝つには標準化と適応化の両方の利点が同時に達成されなければならない。それは選択問題でもバランス問題でもない。またマーケティング戦略だけで競争優位が確立できるものではなく，研究開発，生産，ロジスティックスなどの連帯や統合が必要である。
> (「ポーター・竹内 1985より」『国際経営論への招待』吉原英樹編，有斐閣，p86)

 今後，真の意味で標準品とカスタム品の優位をあわせもつマーケティングミックスが実現できるかどうかは，企業の競争力の全体から判断する必要があるとだけ述べておこう。

第4章

国際財務管理

第1節　国際財務管理の理論

1. 国際財務管理と国内財務管理

　国際経営における財務管理の理論について，学生向けの教科書やビジネス書で論じられているものの多くは二つにわかれる。一つは主として国際財務における特殊な個別問題を説明しているものであり，もう一つは一般的な財務分析の手法や会計情報システムの叙述におわっているものである。

　前者の例では『国際経営論への招待』（吉原英樹編，有斐閣）第9章の「国際財務管理」がある。ここでは主として為替レートの変動と変動リスクのヘッジ方法が述べられている。また，ロビンズ，ストボー（S. M. Robbins & R. B. Stobaugh, *Money in the Multinational Enterprise*, Basic Books, 1973）などからの引用によりトランスファープライスの理論と効用を説明している。

後者の例では，例えば『理論とケースで学ぶ国際ビジネス』(江夏健一他編　同文館)　第15章の「国際財務管理と会計システム」がある。ここではグローバルビジネスの財務報告と財務諸表分析という表題のもとで一般的な財務比率分析の仕方が述べられていると共に，会計情報システムの設立の重要性を論じている。しかしこれは必ずしも国際経営の財務管理に限った分析ではない。一般的な財務管理の理論を援用しているに過ぎない。

　こうした議論の展開の仕方はどうしておこってきたのであろうか。これは国際財務管理の問題は国内財務管理の延長であり，特殊な問題を付加すれば分析できると考えられているからである。国内管理に為替リスクやトランスファープライスなどの特殊な問題を付け加えれば事足りると考えられている。以下の説明がその代表である。

> 　国際財務では国内財務管理者の主要な責務，すなわち財務計画，運転資本管理，資本支出分析および資金調達のすべてにおいて国際的次元が付加されるだけである。
> (『テキストブック国際経営』山崎清他編，有斐閣，p203)

2. 本社一元化の財務管理

　従来の教科書やビジネス書のもう一つの特徴は，国際経営において本社はほとんどの権限を分権委譲し自らは調整と統制に専念するが，こと財務に関する限りは本社による集権管

理が基本的行動様式であるという。財務管理については現地に裁量の余地はないというものである。

> 多国籍企業の財務管理システムの最も重要な特徴は親会社と在外子会社間を結ぶ財務ネットワークを通じて行われる資金調達，利潤送金，振替価格設定，為替リスクヘッジなどの日常業務的意思決定すら，そのほとんどが本社の最終決定を要する一元管理，集権管理体制にあることである。
> (『テキストブック国際経営』 山崎清他編，有斐閣，p205)

　実際には業務的意思決定はマニュアル化されていることが多い。しかし現地子会社の数が増えるに従い，本社のグローバリゼーションの名のもとでの一元管理は不可能となる。現地子会社の自立的機能をぬきにしては考えられなくなっているのが実状である。

3. 会計基準の国際化
　現在わが国では国際化を目指す企業は積極的に国際的な会計基準を採用するよう要請されている。

> 海外から理解しにくかった日本の会計基準を「国際基準」に近づけることにより，日本企業が国際基準をもって海外投資家にも理解できる存在となる。
> (『グローバルビジネス重点戦略ノート』三和総合研究所，ダイヤモンド社，p324)

これは一つには海外投資家にも日本企業をわかってもらう必要があるという日本の後進性を反映している。

しかし、この際の一番の問題点は、今まで無視してきた海外子会社の存在である。従来の個別決算から子会社を含む連結決算に移行するため、子会社が赤字を続けながら親会社の利益計上をすることはありえなくなった。

> 海外子会社の役割はこれまでの「親会社への寄与」から「連結子会社としての業績向上を通じた寄与」へと大きく変化する。(『国際経営論への招待』 吉原英樹編、有斐閣、p173)

今までは財務戦略的には日本企業の海外子会社はまったく無視された存在であった。本社の売上げを最大限にするための道具にすぎなかった。期末決算を目指して子会社への押し込み販売や、生かさぬよう殺さぬようとの移転価格操作による決算対策などが一般的に行われてきた。

第2節　国際財務管理の決定要因

1. 従来の国際財務管理論の整理

従来の国際財務管理論は前節でみたように下記のように整理できる。

①国際財務管理を国内の財務管理の延長と考えて、そのまま

国際経営にあてはめて問題を解決していこうという姿勢。
②それに関連して，簡単な業務処理に至るまで，本社で一元化して集中管理していこうという考えだが，現実にはそれが完全に実施できないという事実。
③とくに日本では現地子会社の財務機能の自立性を無視する方向で考えてきたが，グローバル基準を達成するためにはどうしてもその後進性から脱皮せねばならぬという事態。

2. 日本の外資系企業の財務管理状況

経産省で発表された外資系企業の動向（「平成12年外資系動向調査」，2002）によれば，外資系企業において外国側出資者への配当率は平均10％である。配当とロイヤリティが重複しているのかどうかは不明だがロイヤリティで払っている場合でも同率である。また資金調達においても借入分のうち親会社債務保証によるものは，6.9％程度となっている。設備投資では外国側出資者からの引当額は0.7％である（表4-1）。

これだけみても，日本における現地子会社が資金の送金や資金調達，また設備投資について，本社のオンブにダッコの姿勢ではないことがわかる。現地子会社は，定量的にみて，財務管理の主要項目における自主権限をかなり有しているといってもよい。もちろん本社からの一元的な管理の要請はあるだろうが結果的には，利益をあげたものの親会社への還元は，他の一般的な日本企業と同じくらいの比率の支払送金でおさまっている。また資金調達も親会社の債務保証の比率は

第2節　国際財務管理の決定要因　67

表4-1　外資系企業の動向

外国側出資者への支払い状況（P203）　10億円％

	配当金	構成比	ロイヤリティ	構成比	その他	構成比	合計	構成比
全産業	230 配当率 10%	49%	236	50%	7	1%	474	100%

資金調達状況（P215）　10億円％

	借入金総額	うち債務保証によるもの	同左比率
全産業	4528	314	6.9%

	設備投資額	うち外国出資者からの引受	同左比率
全産業	727	5	0.7%

（「平成12年外資系企業の動向調査」経産省，2002年3月）

低く，自らで調達している割合が大きい。さらに，設備投資についても親会社からの引受分は極端に少なく，かなりの自由度が認められている。日本における外資系企業では，結果的にみて，それなりの自主権限を有しているとみてもよいだろう。

3. 国際財務管理の決定要因

今まで，国際経営の組織，人事，マーケティングなどの各機能でみてきたように，国際経営の財務管理についても本社と現地の葛藤は根本的なものであり，本社の集中統制に対して現地の自主権限を求める対立は永遠の課題である（図4-1）。

本社側の集中統制の指示と現地側の反応の事例をあげてみ

68　第4章　国際財務管理

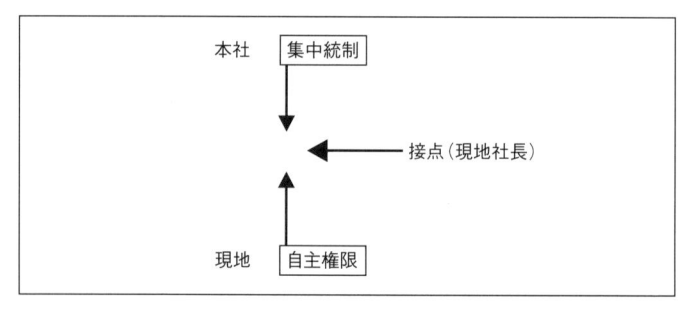

```
         本社  ┌─集中統制─┐
               └─────┘
                   │
                   ▼
                       ◀── 接点（現地社長）
                   ▲
                   │
         現地  ┌─自主権限─┐
               └─────┘
```

図4-1　国際財務管理の決定要因

よう。例えば，日本の外資系企業の例では，本社側は集中一元化を目指して業務処理の手順と基準を示した経理ルールブックを送付してくる。また現地が弱体の場合は日本企業の海外進出の場合がそうであったように経理部長を派遣する。しかし関税や消費税，所得税などの税制が違うので，本社の意向がそのまま反映できない。また金融面でも日本の銀行との関係はルールブックにのっとって処理できる範囲をこえている。日本の諸制度に合わせて考えていかざるをえない。

　また，現地での利潤をそのまま送金したり，ロイヤリティとして送金することが決められていても，現地での内部留保と次の拡張資金として使いたいという現地側の要望が現地社長を通じて，伝達され，本社の経営会議で検討される。結果的には，経産省の統計にあるように，常識的な送金に落ちつく場合が多い。トランスファープライスでの操作も現実には税当局の指導も強く，簡単には実施できない。設備投資のための資金調達などでも親会社の裏保証よりも当該現地会社が

独自で調達先を決定し実行している例も多い。

日本に限らず、どの現地国でも本社の画一的な命令による管理はできていない。本社がグローバルになって現地会社が増えれば増えるほどその傾向は強い。

4. 本社と現地の役割分担モデル

財務管理の主要機能について本社と現地の役割分担を考えてみよう。本社はあらゆる機能の一元化を指示するが、現地側は日常の業務処理まで本社の指示をいちいちあおいでいては仕事がすすまない。結果として長期的なものは本社が握り、短期的のものは現地に権限が与えられるようになるのが一般的である。また、資金調達は当該国の調達の容易さなどを考えてできるだけ現地でまかなうことがすすめられる。ただ為替リスクは世界的にみて調整し、また輸出入で相殺したほうが有利であるので現地よりも本社管理が選択される。

財務計画についても、現地の資金をどこまで現地再投資にむけるか、本社に送金するかは、現地社長の機能の重要な一

表4-2 本社と現地の機能分担モデル

機能	本　社	現　地
① 財務計画	主	従
② 資本支出	主	従
③ 運転資本管理	従	主
④ 資金調達	従	主
⑤ 為替管理	主	従

つである。資本支出についても現地の製品のカスタマゼーションの開発費や，製造設備の改造なども常に本社との調整のもとに進められる。結果的に世界中での財務的な最適資源の配分が目標とされる。

こうした配分の結果，一つの役割分担モデルが表4-2である。もちろん企業によって本社機能の強いところ，弱いところがあるが，現実の100〜500人規模での中企業現地会社の例を参考にした。

第3節 財務システムの発展

1. 財務管理組織の発展の理論

国際財務管理の組織について，海外活動の発展段階に応じてその組織と管理システムを変えていくという研究がある。ロビンズとストボー（S. M. Robbins & R. S. Stobaugh, *Money in the Multinational Enterprize*, Basic Books 1973）によれば以下の三つの段階に区分されるという（表4-3）。

しかし，この考えも，現実の財務組織をみると実状に合っ

表4-3 多国籍企業の財務組織の発展の例

	コンセプト	本　社	現　地
第一段階	システム概念欠落	少人数，子会社に関与せず	少人数，自由な意思決定
第二段階	システム化追究	多人数，システム全体集積処理	少人数，意思決定参画少ない
第三段階	複雑性と妥協	多人数，ガイドライン指示，調整	多人数，ガイドラインに沿って決定

（『テキストブック国際経営』山崎清他編，有斐閣，p206）
（Robbins & Stobaugh の研究による）

ていないところがある。まず，第一段階から第二段階，さらに第三段階へ移行する発展段階としてのトリガーはなにか，どういう決定要因で変化していくのか，また第一段階で，現地は本当に自由な意思決定をまかされるのか，また第二段階で現地では少人数のスタッフしかいないのか，現実とは合っていない。あるいは第三段階になって，本社はガイドラインまたはルールブックによる調整だけですませているのか，はたしてこれを独立して第三段階と呼べるのであろうかなどである。

2. 現実の財務システムモデル

　現実の国際経営の財務システムの発展形態を考えてみよう。まず間接輸出で商社などにたよって輸出をしている場合は財務組織は存在しない。これが直接輸出にかわり現地にサービスや販売の子会社を設置することが第一段階である。これはいずれの場合もコストセンターとして立ち上げられる。ロビンズ，ストボーの分析と違って，ここではむしろ本社の機能は強くあらゆる意思決定は本社から指示されるのが普通である。現地は経費管理のみがなされる。例えば毎年，その年の経費予算を本社に提出して，その分を本社から送金してくるという管理である。現地の自主運営は限定され新規の投資や展開にはプロジェクトごとに本社の承認が必要である。

　さて企業が発展するにつれて，現地生産などが行われるようになって現地が利益的にも独立できると判断されると，現

地子会社はコストセンターからプロフィットセンターへ転換する。これが第二段階である。ここではむしろ本社の権限は小さくなる。現地はプロフィットセンターを運営するため自主的権限を要求する。資金調達や設備投資，研究開発についても独自の計画をもつようになるのが普通である。この第二段階にあたって，本社はロビンズ，ストボーのいう第三段階のガイドラインを出してくる。米国系であればいわゆる財務ルールブックと称して詳細な業務規定のガイドライン集となっている。現地側は毎年の販売計画に基づいた利益計画，設備投資計画，人員計画をとりまとめ予算として本社の承認を得る。それをもとにプロフィットセンターとして独立採算で運営される。現地が危機的状況に陥り，本社からの増資や借入金が必要になったときは別として，企業が正常に発展していく限りは，財務システムとしては第二段階のままで運営される。これをまとめると以下のようになる（表4-4）。

表4-4 本社と現地の財務管理システム

現地会社の財務管理システム	本　社	現　地
第1段階　コストセンター	強い統制	経費管理
第2段階　プロフィットセンター	ガイドライン調整	独立運営

これを図示してみると下の図4-2のようになる。第一段階では子会社は本社財務部の直接管理下にあり，日常の直接送金もなされる。しかし第二段階では本社財務部の決定権はうすれ，独立子会社としての自主権限をもって運営されるように

なる。

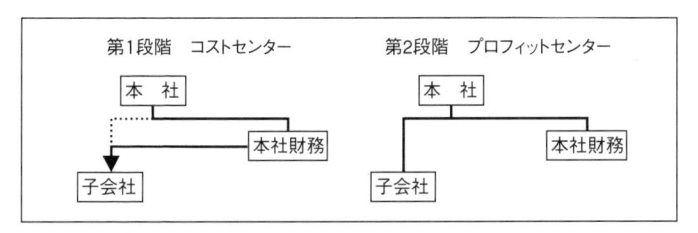

図4-2　本社と現地の財務管理システム

（第1段階　コストセンター／第2段階　プロフィットセンター）

3. 半導体装置会社の事例

　国際財務管理システムについて半導体装置の二社の例をとってみよう。歴史的にみていずれも前述した第一，第二段階を通っているようにみうけられる。

① ラム・リサーチ・ジャパン

　1980年代のはじめ，ラム・リサーチ社は日本の代理店としていったん東京エレクトロンを採用したが，東京エレクトロンで自社製品のカスタマゼーションが勝手になされているなどとして，技術ロイヤリティの紛争から提携を解消した。1988年に住友金属と製造販売の代理店契約を結び，住友金属が現地生産，販売を独占してきた。1990年にラム・リサーチ・ジャパンを設立，はじめはサービスとカスタマゼーションの開発をするという名目だったが，1993年新製品投入をきっかけにラム・リサーチ・ジャパンが新製品の製造販売権をもった。このときはコストセンターであり，本社から一貫し

た指示統制がもたらされていた。1997年売上が拡大し，プロフィットセンターへと転換。相模原に日本の工場及び開発センターを設置した。それ以降プロフィットセンターとして第二段階の形態にあると考えられる。

② マトソンテクノロジージャパン

　当初は商社の丸紅が代理店として日本での販売とサービスをうけもっていた。1995年に日本子会社が設立された。当初の機能としてはラム・リサーチなどと同じように，開発センターとして日本カスタマーのプロセス開発と装置の改良をうけもっていた。日本子会社はコストセンターとして年ごとの予算を本社に申請して承認を受けた上で運営されてきた。販売とサービスは丸紅が担当してきた。経費は本社から送金されてきた。1999年に販売が伸びてきたために商社販売から直接販売に切りかえ，日本子会社をコストセンターからプロフィットセンターへと転換させた。子会社は販売サービス及び開発の独立会社として運営されることになった。本社に予算を提出して売上の一部分をトランスファープライスとして，子会社がうけとり，それを原資として会社運営をしていく自主権限が採用されている。財務的には本社のガイドラインにそった指導がなされている。

　半導体装置会社についてみれば，他の外資系会社であるアプライドマテリアル，KLAテンコール，セミツール，ノベラスなども同じような歴史の経緯をたどっている。

4. 日本企業と財務国際化

　第1節で述べたように，日本企業において国際化の意識は希薄である。とくに，株主のための企業経営という概念をとりいれることとグローバル化にむけての会計制度の大転換が必要である。これまでの日本企業は銀行からの借り入れが多く経営者も従業員から選ばれてきたので，債権者や従業員のための経営が行われてきた。

　しかし今後は株主のための経営にも目を向ける必要がある。

　日本的経営の企業目的に代替する企業目的は株価最大化であり，株主重視の企業経営である。また統治者でかつ経営者をモニターするのは株主であるので，経営者は彼らに対して徹底的に企業情報を開示する必要がある。
(『国際経営論への招待』 吉原英樹編，有斐閣，p171)

　日本においては国内における企業会計制度自体が1997年から段階的に改革されている。要約すれば次の六つである。

---
① 連結会計制度の導入
② キャッシュフローステートメントの開示
③ 金融商品の時価評価
④ 持合株式の時価評価
⑤ 税効果会計の適応
⑥ 退職給付債務の開示
(『グローバル・ビジネス重点戦略ノート』三和総合研究所，ダイヤモンド社，p325)

まず連結会計制度の導入では、グループ内部の取引は連結上相殺される。海外子会社の従来までの存続目的が本社の収益をいかにあげるかであった。海外子会社への押し込み販売と、決算期対策により海外子会社の収益は無視されてきた。これが根本的に変わる。本社のみの重視から現地も含めた経営戦略の設定と連結グループ全体の資金効率の向上へと目が向くと思われる。

キャッシュフローステートメントについて従来は運転資金を調達するための計算書程度の認識しかなかった。しかし財務体質の安定性という意味では、黒字倒産を防ぐためにも海外子会社の管理のためにも、キャッシュフロー管理は最重要課題となる。本社が海外子会社を管理する場合従来の利益計画管理から脱皮し、投下する資本をいつまでに回収するかのキャッシュフロー管理が必要になる。設備投資についてもキャッシュフローで評価する仕組みを海外でも確立せねばならぬであろう。

5. 日本における外資系企業の要望

日本で活動している外資系企業は財務管理の国際化についてどういう印象をもっているのであろうか。ジェトロの調査によると、2000年において、外資系企業にとってビジネス環境の改善に効果のあった政策は、法人税の実効税率の引き下げと共に国際的な会計基準の導入、電気通信業、金融保険業などの規制緩和、人材派遣業法の改正、欠損金の繰越期間の

表4-5　今後の対日投資環境改善に有効な政策

(「第7回対日直接投資に関する外資系企業の意識調査」日本貿易振興会，2001年1月　p42)

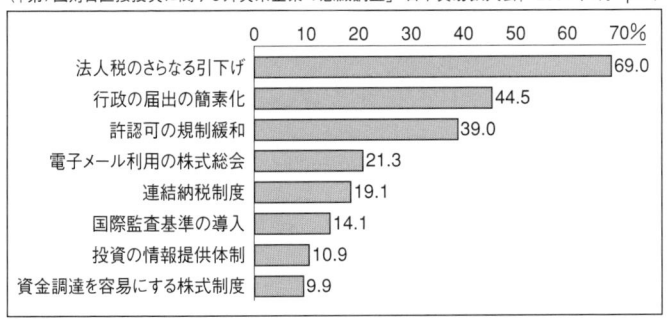

政策	%
法人税のさらなる引下げ	69.0
行政の届出の簡素化	44.5
許認可の規制緩和	39.0
電子メール利用の株式総会	21.3
連結納税制度	19.1
国際監査基準の導入	14.1
投資の情報提供体制	10.9
資金調達を容易にする株式制度	9.9

延長，合併などに関する行政税法手続きの簡素化，外資系企業向低利融資の対象拡大などがあげられている。外資系企業にとっては日本の財務国際化はグローバル化の条件を整える意味で非常に望ましいことである。さらに今後の対日投資環境改善のために有効な政策としては，法人税のさらなる引き下げと共に，行政手続きの簡素化と規制緩和，IT化，連結納税制度の導入，国際監査基準の導入，情報開示などが要望されている。国際企業の一員としては当然の要求であろう（表4-5）。

第5章
国際研究開発

　企業の国際経営の進展をみると輸出から海外生産への道をへて，次は海外での研究開発が話題となる。研究開発は一口でいえば，企業の新製品を生み出していくための活動である。研究開発は経営戦略の中心として企業内部で本国本社に集中し外部と隔離された活動であるという説がある（『国際経営論への招待』吉原英樹編，有斐閣，p122）。

　たしかに研究開発の人的，資金的資源を効率的に使いチーム内のコミュニケーションを一定の場に集中し，ノウハウの保全も容易にできるので，研究開発を海外に展開するという必要性は少ないと考えられる。

　しかし現実にはいわゆる研究開発と称する活動は国際化してきているのである。従来の理論ではこうした国際研究開発をどうとらえてきたのであろうか。

第1節　国際研究開発の理論

1. 斎藤優説

　中央大学の斎藤優教授によれば，多国籍企業の技術戦略の目的は研究開発資源の国際的利用による自社の技術革新の推進と技術独占利益の国際的最大化にあるとしている。そのため研究所を海外に進出させるのであると説いている。

> 　技術開発の国際化の展開において最も直接的に進んだものが研究所の海外進出である。はじめは研究の下請けなどを中心とする「受け入れ的」国際化からいくつかの段階をへて海外に研究所を設立して相手国の技術開発資源を利用して技術開発活動をする「進出的」国際化へ進む。(『テキストブック国際経営』山崎清他編，有斐閣，第11章，p152)

　海外研究所設立の傾向では他国に比べ日本は遅れている。しかし専門領域の人材の多いロンドンや，バイオ関係のボストン，半導体関係のシリコンバレイなどは，R&D資源が潤沢で情報も密であり，研究所活動を本社の延長として設定するには好都合のところが多い。そのため本社の研究開発シーズ

> 　1980年代後半にはいって海外に研究所進出する日本企業の数が急速に増えはじめた。この頃から日本多国籍企業は技術先進国である，米，英，独などを中心に研究所進出をはじめた。研究所進出の目的は以下の3つである。

> 1. 情報収集
> 2. 技術の相手地域への応用や地域的問題を解決する
> 3. 研究開発を主たる目的とする
> （『テキストブック国際経営』山崎清他編，p155）

の展開として研究所を設けることが日本企業の一種の流行とまでなった。

こうした研究所進出が国際研究開発であるという議論の疑問点は以下の通りである。

① 国際研究開発の中心ははたして研究所の海外進出だけなのだろうか。本社研究所の延長以外の国際研究開発があるのではないか。
② 相手国の地域問題の解決も述べられているが，それでは研究所のない米欧以外の地域問題はどう解決する気なのか。
③ 海外研究所の活動対象は何なのか。基礎研究か，応用か，また，製品開発が主なのか。

2. 吉原英樹説

研究所の海外進出がすなわち国際研究開発であるという説に対して神戸大学の吉原英樹教授は異論を出されている。企業の研究開発の国際化を，海外子会社の研究開発の展開として評価する観点である。分析によれば，日本の海外製造子会社のうち半数が研究開発を行っていること，また研究開発の

表5-1 日本企業の海外製造子会社の研究開発（％）

	アジア	ヨーロッパ	アメリカ	計
実　施	38%	54%	62%	47%
計画あり	18%	10%	10%	15%
計画なし	44%	36%	23%	37%
	100%	100%	100%	100%

（『国際経営』吉原英樹，有斐閣，p144）

実施の計画を持つところを加えると，全体の6割をこえると指摘されている（表5-1）。

　また海外で研究開発をする理由は現地でのニーズ要求や現地での設計，開発，製造の一貫体制などのためであると明確に述べておられる。

> 　海外での研究開発の一番多い理由は現地市場のニーズに迅速に対応するためである（全体の79％）。各国の現地市場のニーズの変化に迅速に対応するために日本の親会社で集中的に製品開発改良をするよりも現地市場に近いところで研究開発することが望ましい。次に多い理由は現地での研究開発から製造販売までの一貫体制を確立するためである。第3位は現地市場で親会社の製品設備技術などの展開，応用をはかるためである（44％）。
> （『国際経営』吉原英樹，有斐閣，p146）

　吉原教授の理論で注目すべきは国際研究開発の成果についての子会社の分析である。自分のことは実際より良く答えるという回答者のバイアスを考えるとしても日本の親会社より

すぐれた成果をあげたという内容が50％もあり，自分で開発したものを日本親会社に逆移転したというのが38％もあることである。

> 自分のところで開発した新しい製品や技術を日本の親会社に逆移転したことのある海外子会社は38％であり他の海外子会社に水平移動したことのある海外子会社は30％あった。この結果は筆者（吉原）には予想外である。インタビュー調査や実務家との議論でえたデータにもとづいて筆者は逆移転はほとんどないと考えていたからである。
> (『国際経営』吉原英樹，有斐閣，p155, p163)

吉原氏の理論は国際研究開発の焦点を現地子会社にあてていることで非常に興味深い。しかし以下のような疑問点が残る。

① 現地子会社が研究開発の当事者であることに懐疑的であること。例えば現地子会社が6割以上も研究開発に従事しているという事実が多すぎる（とは書いていないが）論調であり，逆移転などありえないと思っておられること。
② カスタマゼーションを含む開発行為を広義の研究開発に含むと定義すれば，現地の研究開発活動は矛盾しない。しかも現地での開発が本社で標準化されるためには必ず本社への逆移転が必要であることを理解しておられないようであること。

③ 一方で本社からの基礎研究,応用研究の海外進出の意義が述べられていないこと。

第2節　国際研究開発の決定要因

1. 従来の国際研究開発論の整理

前節でみてきたように,国際研究開発の理論については以下のように整理できる。

① 国際研究開発の中心は研究所の海外進出である。それにより開発資源の多国的利用をはかる。本社のシーズを開発し,現地のニーズを組み上げ,一元化して研究開発を実施していこうとするのが国際研究開発である。
② 一方現地国の開発を重視する研究では,カスタマゼーションを含む現地での研究開発を一応評価している。しかし本社への逆移転や,他国への水平移転の意義を認めていない点など十分な論議がつくされていない。

2. 日本の外資系企業での研究開発

日本企業の海外子会社における研究開発の状況は,吉原教授などの分析であきらかになっている。一方日本における外資系企業での研究開発の状況はどうであろうか。はたして研究開発とよべる活動をしているのかしていないのか。経済産業省の統計でみてみよう。

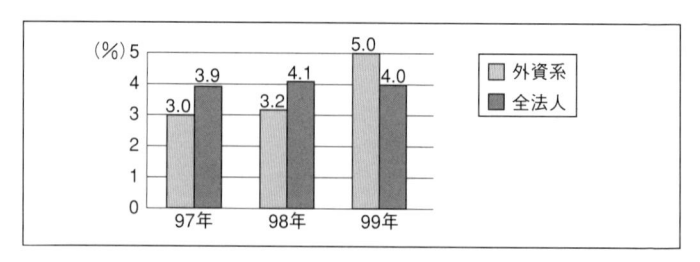

図5-1　外資系企業と全法人製造企業における売上高研究開発費比率比較
(「外資系企業の動向」経産省企業統計資料室編, 財務省印刷局, 2002, p75)

　図5-1の通り，日本における外資系企業の売上高対比研究開発費は5％と他の日本全法人とかわらない水準である。開発費の内容定義についてはいろいろ論議もあるところである。しかし，現地子会社としての日本の外資系企業でも，研究開発の活動は無視できないものと考えてよい。少なくとも全法人と同程度の研究開発を実施している。これは吉原教授など日系企業子会社の分析とも国際的に一致する。

3. 国際研究開発の決定要因

　国際研究開発がどのように展開し，決定されていくかについては，相互に補完的であるという点で他の章で述べた機能面での対立とはやや異なった様相がある。しかし基本的にはグローバリゼーションとローカリゼーションの対立の構図の中で決定されていく。本社からは基礎研究，応用研究とそれを延長した形での開発を研究所を中心に展開していこうとする。現地側は最終ユーザーの要求，当該地域でのR&D資源及び，開発提案から生まれてくるローカリゼーションの要請を

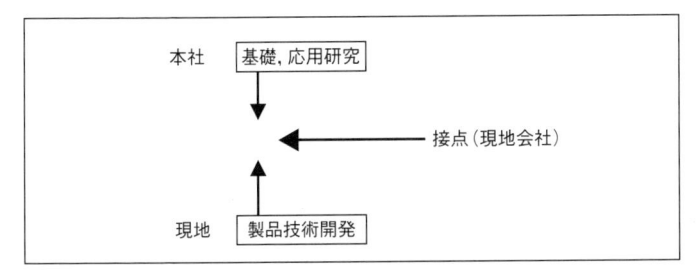

```
本社  [基礎, 応用研究]
              ↓
              ← 接点(現地会社)
              ↑
現地  [製品技術開発]
```

図5-2　国際研究開発の決定要因

展開していく。二つの力の中から国際研究開発が決定される（図5-2）。

　それでは具体的に二つの力がどう機能するのか。研究開発の本来の目的である新製品の開発のケースを半導体装置の例でとってみよう。本社での開発はいわゆるプロトタイプの製作である。半導体装置などの場合はαサイト機とよばれる。本社側の役目は原型製作にとどまり、これをベースに主要顧客向けにβサイト機をつくり主要顧客を一社か二社えらんで現地にもちこみプロセスを完成させハードを改良する作業を行う。その場合本社からハードおよびプロセスのエンジニアが派遣されるが、主体は現地国の技術者である。目標期間に合わせ、日々の開発成果がまとめられ本社にフィードバックされて再設計される。それが標準化されて新製品の完成となる。βサイト機は成功すれば、そのまま顧客の開発研究に使用される。その際は現地のハードおよびプロセスエンジニアが常に改良開発を主導していく。これをCIP（Customer Improvement Plan）と呼ぶ。現地でまとめられたも

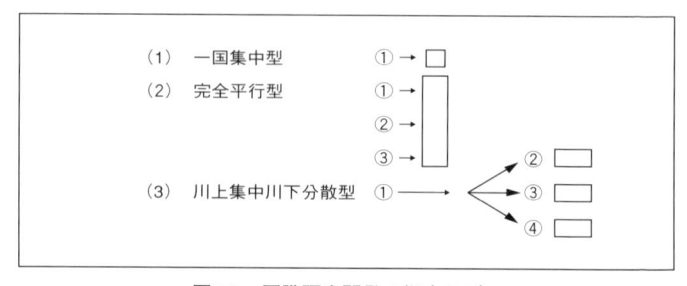

```
(1) 一国集中型      ① → □

(2) 完全平行型      ① →
                   ② →
                   ③ →

(3) 川上集中川下分散型  ① ────→  → ②
                              → ③
                              → ④
```

図5-3 国際研究開発の拠点モデル
(『理論とケースで学ぶ国際ビジネス』江夏健一他編、同文社、p145)

のは定常的に本社の技術開発会議で討議承認されて設計段階から標準化されていく。βサイト機が主要顧客に出荷されない場合もあり，現地における子会社のクリーンルームで開発機として当該国全体の開発用に供せられる場合もある。その場合は顧客からのウェハーの提供をうけデモンストレーションを行い主要顧客向けのプロセスを開発していくことになる。それが成功すれば量産製造装置の受注につながる。

4. 国際研究開発の拠点モデル

　国際研究開発の現実の拠点の役割モデルについては国際分業のマネジメントという表題のもとでいろいろ研究がなされている。例えば次の三つの類型をまとめている分析がある（図5-3）。

　（1）は一国集中型でR&Dのすべてを本国で集中させるものとして開発における，規模の経済性とコストの効率を目標としている。（1）の変型としていくつかの国を選んで研究所を

海外にブランチとしてもうける例もある。しかしあくまで本社で集中と統制をとるとしている。(2) は別々の国で平行させて開発研究を行おうとするものである。事業分野が異なる企業ではこうした形態をとるところがある。(3) はR&Dプロセスの川上である研究部門を本国が行い、川下である応用部門と開発部門を国際的に分散させるものであるとされている。

われわれのグローバリゼーションとローカリゼーションの対立という考え方はどちらかというと、(3) の川上集中、川下分散型である。重要なのは、(1) から (2) さらに (3) と発展段階的にかわるものではなく、企業が国際化すれば当初から、(3) 型のパターンの潜在的な対立と協働があるということが重要である。常に本社のグローバリゼーションの力と各地域での開発ローカリゼーションの力が良い意味でぶつかり合って川上、川下のすみわけができていくのである。

第3節　国際研究開発の事例と将来

1. マブチモーター

マブチモーターは研究開発を中国へ現地化する（日本経済新聞、2001年12月19日、マブチモーター大連総経理・西村祥二氏）と発表している。マブチモーターは1986年に中国に進出した。中国は教育水準が高く、勤勉な労働力が得られる。組立て産業にとっては世界で最も生産性の高い立地の一つである。大連工場では従業員1万人規模で白物家電、映像音響機

器などの小型モーターを生産している。今後中国の拠点で研究開発部門を拡充したい。従来も現地における生産の拡充と共に製品の開発を行ってきた。しかし，優秀な人材と比較的安価なコストを考えると，製品や生産技術の研究開発を全面的に現地化しトータルな生産シフトを進めたいと考えている。開発から設計，生産への一貫体制である。

こうした例は，現地子会社のローカリゼーションの強さが本社からの研究開発の全面的移管の方向をも示した代表例として注目される。

2. 半導体設計開発の中国シフト

マブチモーターだけでなく大手半導体メーカー各社も中国での設計開発体制を強化すると発表している（日本経済新聞，2002年1月25日）（表5-2）。

電子機器半導体の設計開発については従来日本国内が中心

表5-2 半導体メーカーの設計開発部門中国シフト

NEC	2003年に北京の開発技術者を170人から200人に
東芝	2003年に上海の技術者を40人から1000人に
富士通	香港，上海，深圳の拠点に加え北京に新拠点，人員100人に増加
三菱電機	3年をめどに北京の40人を300人に
日立	蘇州の40人を大幅に増員

であった。中国における電子情報機器の生産基地が拡充されると共に，中国における現地での設計開発の必要性が高まっ

てきた。生産だけでなく設計開発部門も日本国内から中国へシフトさせる傾向にある。例えば東芝は，家電やデジタル情報機器の心臓部となるシステムLSIにくみこむソフトウェアの開発を中国に移管する。日本での人員を500人から100人に減少させると共に中国の40人を1000人へ増強する。これは海外生産のあるところに開発の基地も移動させようとする一つの動きである。その他メーカーも現地でのニーズに応えるため，設計開発の世界展開をせまられている。こうした動きは本社の研究所移管の動きというよりも海外生産および消費基地での地域的な開発ニーズに沿った製品開発の展開の典型的なものであるといえよう。

3. マトソンテクノロジージャパン

半導体装置の現地国での開発の例としてマトソンテクノロジージャパンの組織を例にとってみよう。他の装置メーカーでも大体似ているのではあるが，開発部門として技術部の下

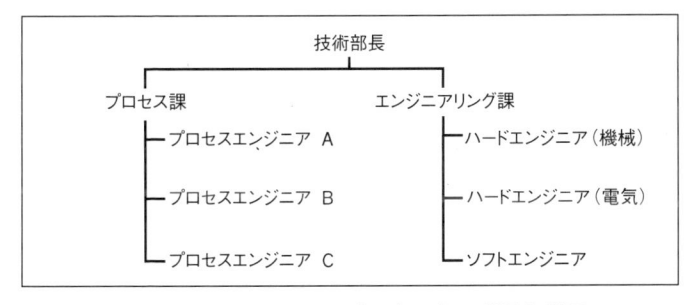

```
                        技術部長
        ┌─────────────────┴─────────────────┐
     プロセス課                        エンジニアリング課
        ├─ プロセスエンジニア A           ├─ ハードエンジニア（機械）
        ├─ プロセスエンジニア B           ├─ ハードエンジニア（電気）
        └─ プロセスエンジニア C           └─ ソフトエンジニア
```

図5-4　マトソンテクノロジージャパンの開発組織図

にプロセス課とエンジニアリング課を設けている。

プロセス課では社内にクリーンルームとデモ機を保有している。顧客のデモンストレーションによる装置の評価とプロセス開発に対応している。新しいプロセス開発結果は特定の顧客に限定されることもあるが、汎用性があると本社へフィードバックされ、逆移転され世界的に利用される。

また、エンジニアリング課はプロセス課と共同して、プロセス開発のために装置の変更、改造が必要であれば、それに対応する。エンジニアリング課はCIP（Customer Improvement Plan）を担当しており、顧客からの開発、改善要求のハード問題にとりくむ。

サービス部門が対応するクレームではなく、改良要求や性能向上ニーズであれば現地だけで対応するものと、本社と共同でとりくみ、設計変更まで必要な場合とに区別して対応する。主要顧客向けのβサイトの新製品が入荷された場合はプロセス課とエンジニアリング課が最前線でこの製品を完成させることとなる。

半導体装置の場合はハードの装置ができていてもそれだけでは完成していない。顧客と共同してプロセス（製法）を完成しなければ実際に生産に使用できない。このため現地のプロセスチームの役割は非常に大きい。本社から一時期派遣される外人部隊でなく開発が日本人の手にあることが重要である。本社との人事交流も行われ、開発部隊の本社との共同開発も頻繁に行われる。本社の役割はaサイトのプロトタイプを製作し基礎

データをとり，戦略ユーザーにβサイト機として納入させてもらうことである。この半製品を現地チームが戦略ユーザーと完成品に仕上げる作業が重要なのである。半導体業界では微小化と大口径化が3年サイクルで世代交代をしてきた。こうした現地における新製品開発活動は必要不可欠のものであった。

4. 国際研究開発の将来

研究開発活動は大きくわけて三種類あるという説が一般的である。基礎研究と応用研究と開発である。一例をあげると次のように表現される。

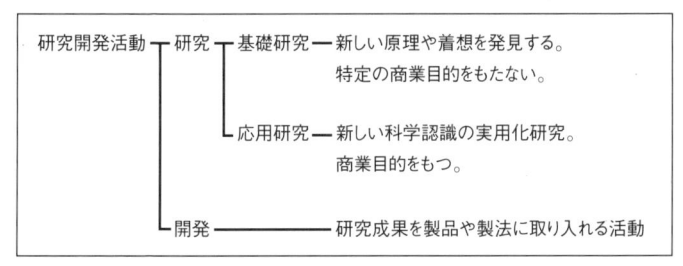

```
研究開発活動 ─┬─ 研究 ─┬─ 基礎研究 ── 新しい原理や着想を発見する。
              │        │              特定の商業目的をもたない。
              │        │
              │        └─ 応用研究 ── 新しい科学認識の実用化研究。
              │                      商業目的をもつ。
              │
              └─ 開発 ───────────── 研究成果を製品や製法に取り入れる活動
```

図5-5　研究開発活動の分類の例
(『理論とケースで学ぶ国際ビジネス』江夏健一他編，同文館，p137)

このうち研究という領域では，国際研究開発の決定要因の説明でみたように，本国での研究所の拡充から研究資源の国際化を求めて海外進出という動きがある。また開発という領域では本社の研究成果をもとに現地での主体的な開発活動の流れがあることをみてきた。

製品やプロセスの新規開発は今後とも現地主導でなされるであろう。これは現地で研究開発の人的資源や研究情報がそろっているからということとは別問題である。また研究開発はイノベーションとも大いに関連がある。一般的にいって，開拓型イノベーションは研究部門から，活用型イノベーションは現地開発サイドからといわれている。

　イノベーションとはまったく新しい技術や製品ばかりをさすのではない。まったく新しい可能性を探索する「開拓型」explorationイノベーションだけでなく既存の確実なものを洗練化する活用型exploitationイノベーションが存在する。研究だけでなく，現場にベースをおいた活用型イノベーションもバランスよく組み合わせることが必要である。
（『理論とケースで学ぶ国際ビジネス』江夏健一他編，同文館，p147）

　また，現地の真のニーズに基づいた開発から革命的な開拓型イノベーションが生まれてくる可能性も強いのである。そのためには，本社サイドの研究と密接にコンタクトのある現地での開発体制が健全に展開していることが望ましい。

第6章
現地社長の役割

第1節　現地社長についての議論

1. 現地社長とは何か

　今までグローバリゼーションとローカリゼーションの対立の接点には現地社長の存在があることをくりかえし述べてきた。もちろん現地社長という表現をつかっているが，本社と現地の子会社の間にいる責任者という意味である。あるときは本社側から派遣された人間である場合がある。またあるときは現地で採用された人間である場合がある。個人である場合もあるし，複数人のチームとなっている場合もある。彼（等）の主たる役割はグローバリゼーションとローカリゼーションの対立を調整して企業経営に良好な結果を出していくことにある。図式的にいえば，本社の大きい円と現地の小さい円が接するところにいて，二つの円を連動させていく役割を

担っている。女房役であり，交渉役であり，インターフェースといってもよいだろう。応々にしてあちらをたてればこちらがたたずという苦しい立場においこまれる時がある。一方まったく異文化の者同志がわかりあって問題解決したときの喜びは普通の企業経営成功の何倍にもなる（図6-1）。

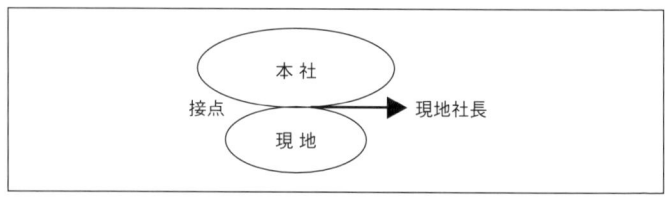

図6-1 現地社長の役割

　組織問題の場合は，本社の品種別組織実施の圧力と現地の顧客別組織の要請の間で，当該企業に最適と思われる組織の構築に努力する。人事管理については本社の一元化政策と現地の労働慣行の板ばさみの中で，異文化コンタクトも含めた解決をせまられる。マーケティング面では世界標準化と現地適応化のはざまの中で現地ユーザーに適当な条件をみつけ出す役割をになう。財務管理については本社の統一管理をおしすすめる政策の中で少しでも現地の自由な活動ができる路線はないか模索する。研究開発についてはあくまで，顧客から要求される現実的なイノベーションの実現化に腐心する。

　こうした現地社長の経営管理機能はいつの場合も異文化交渉の要素を含んでいるので，本社と現地の両円がスムースに

まわることは非常に難しい。林吉郎教授は、この現地社長の立場を、違う文化が接する場ということでとくに「異文化インターフェース」と呼んでいる。(『異文化インターフェース経営』林吉郎，日本経済新聞社)

2. 現地社長についての議論

現地社長についての議論は割と古くからあるが、それは本社から派遣されるエクスパトリオト(派遣者)を中心とした現地におけるグローバルマネージャーの養成と現地人の教育という人材育成論の視点がほとんどであった。

> グローバルなメガコンペティションの中でグローバル理念や知識の共有と学習組織づくり、継続的な変革や挑戦的な文化構築が重要で、エクゼクティブである世界の子会社の社長および事務所長を選びグローバルリーダーとして経営ノウハウの取得にとどまらず経営理念や価値、文化の共有化や経営戦略の共通認識を共有することが最重要である。
> (『国際経営を学ぶ人のために』根本孝他編，世界思想社，p234)

そうした観点からグローバル・マネージャーの要件は、人事管理的な側面から論じられることはあっても、現地社長の経営管理機能としての重要性を説明しているものは少なかった。

> グローバルマネージャーの要件として①異なる価値観をうけいれることができる②異文化環境において的確な判断と指示ができる③本社と海外子会社をつなぐキーパーソンとなる④業務を遂行する管理能力がある
> (『理論とケースで学ぶ国際ビジネス』江夏健一他編, 同文館, p212)

人材育成などの議論から, やや進んでいると思われるのはブリッジ・パーソンという概念をつかって, 本社との調整をしている機能をうかびあがらせているものである。

> グローバル企業になろうとする企業は本社と支社の間の緊張関係や網引き, あるいはジレンマに対峙しなければならない。同様にブリッジ・パーソンもまたこのジレンマに向きあわなければならない。結局ブリッジ・パーソンにとって本社を選ぶか現地を選ぶかというのが究極のテーマになってしまうといっても過言でない。
> (『多文化時代のグローバル経営』 船川淳志, ピアソン, p204)

船川氏によればブリッジ・パーソンには外部のコンサルタントもなりうるといっているので, やや当事者意識に欠ける面もあるのだが, 本社および現地の双方で, あの人のいうことなら聞いてみようという人を選択せよと結論づけている (図6-2)。

こうした著作の中で注目すべきは林吉郎教授の異文化イン

第1節 現地社長についての議論

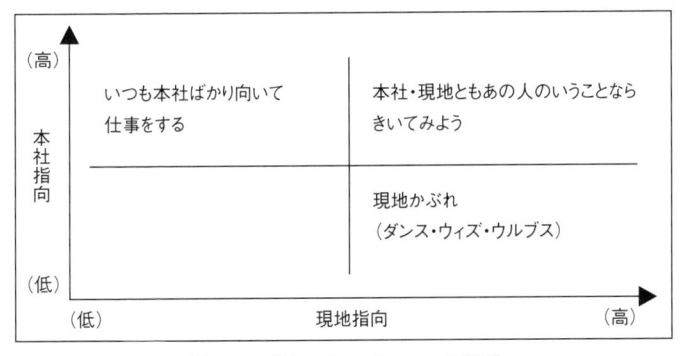

```
(高)↑
       │いつも本社ばかり向いて      │本社・現地ともあの人のいうことなら
本      │仕事をする                  │きいてみよう
社      │                            │
指      ├────────────────────────────┼────────────────────────────
向      │                            │現地かぶれ
       │                            │(ダンス・ウィズ・ウルブス)
(低)   │                            │
       └────────────────────────────────────────────────────→
       (低)          現地指向               (高)
```

図6-2 ブリッジ・パーソンの課題
(『多文化時代グローバル戦略』船川淳志, ピアソン, p205)

ターフェースにおける第三文化体の必要性とその機能の理論であろう。彼は本社と現地が接触して生まれる文化を第三文化体と称し,個人または集団に具現化して,新しい文化を創り異文化組織においては日常業務における異文化コミュニケーションを助け,組織のハイブリッド化を促進する機能であると述べている。こうした第三文化体の人は異文化間の違いに自己を適応させ第三文化を創り上げられるというのである。

> 　第三文化とは第一文化(本社)と第二文化(現地)が接触して生まれる文化を指し,第三文化体とは第一文化と第二文化の両文化を体現している主体をさします。主体は個人の場合も二人以上の集団の場合もあります。また第三文化体について4つの必要条件で考えることができます。1つは言語的に両文化の橋渡しができること。2つは文化的に両文化の橋渡しができること。3つは両文化グループから十分に信頼されること。4つは

> 両グループのビジョンを合わせ保持できることです。
> (『異文化インターフェース経営』林吉郎，日本経済新聞社，p217)

　林吉郎教授の第三文化体の議論は主として異文化コミュニケーションの分析に重点がおかれている。コミュニケーション能力の他に異文化感性をもち経営管理ノウハウに精通することが要請されるといわれている。異文化接触だけでなくわれわれが課題としているグローバリゼーションとローカリゼーションのディレンマを経営管理的に解決する機能を主体に考察されてはいないのが残念である。

第2節　現地社長の育成と役割

1. 現地社長の育成

　国際経営において組織，人事，マーケティング，財務，研究開発の各章で検証してきたように，グローバリゼーションとローカリゼーションのディレンマをのりこえるために接点にいる現地社長の役割が不可欠である。企業の国際化を考えるとき，真に国際化しているかどうかの評価は少なくとも三つあるといわれる。一つは国際的に十分透明度をもつ経営の国際化。二つ目は現地人経営者の採用。三つ目は優秀な外国人が入社して永続的に働くことである（図6-3）。

第2節　現地社長の育成と役割　　99

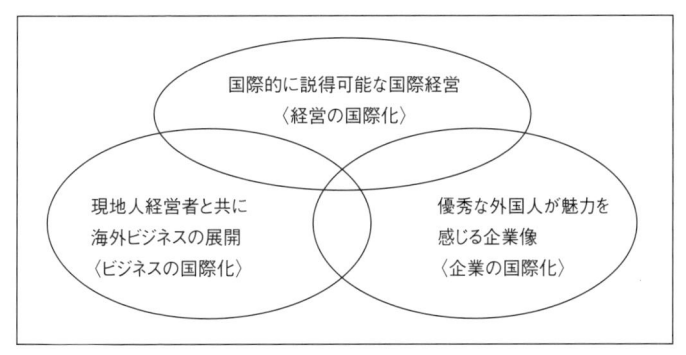

```
        ┌─────────────────────────────────────┐
        │      国際的に説得可能な国際経営       │
        │         〈経営の国際化〉            │
        │                                     │
        │  現地人経営者と共に    優秀な外国人が魅力を │
        │  海外ビジネスの展開    感じる企業像       │
        │  〈ビジネスの国際化〉   〈企業の国際化〉    │
        └─────────────────────────────────────┘
```

図6-3　企業の国際化の課題
(『異文化インターフェース経営』林吉郎，日本経済新聞社，p197)

　こうした経営を実現するためにも現地社長の役割は非常に大きいものがある。ブリッジ・パーソンの課題で明らかになっているように，あまり本社指向が強いと現地従業員からそっぽをむかれる。また現地指向が強いと本社から「いったい誰に給料をもらっているのだ，現地かぶれだ」とけなされ相手にされなくなる。といって，第三文化体の形成と言葉では簡単にいえても，個人ベースで考えて，二つの文化を理解することさえ難しいのに，共有することは不可能でないかと思われる。異文化に属する二つの文化の間で「みにくいアヒルの子」を演じる危険性が強い。

　こうした現地社長の機能の育成について，例えばブリッジ・パーソンの育成については，コミットメントの重要性，支援体制，エンパワーメント，などがあげられている。個人としてゆるぎない自信のもとに自らを文化の接点で働くこと

を信念とするだけでなく，ディレンマの中にあることが常識であることを受けとめるコミットメントである。

> ブリッジ・パーソンの育成についてはまず最初にコミットメントの重要性である。2つの国の間に立って働くという強いコミットメントが必要である。次にブリッジ・パーソンを支える支援体制がいる。3番目はエンパワーメントである。4番目は人を見抜く洞察力である。
> (『多文化時代のグローバル経営』船川淳志，ピアソン，p202)

また林吉郎教授も国際人の育成は第三文化体の開発に等しいとして，異文化間のコミュニケーションを強化するため異文化感性と文化に対する感受性を高めることを主張している。

> 第三文化体の育成は現地グループと日本人グループの両グループから育てる必要があります。事業組織の中での第三文化体の要件としては，仕事，言語，文化，信頼のレベルで異文化グループ間の橋渡しができることです。
> (『異文化インターフェース経営』林吉郎，日本経済新聞社，p219)

しかし，こうした議論はすべて個人の教育，いわば企業の人材育成論からでている。教育すれば，解決するものではない。いくらコミットメントが強く，支持体制があったとしてもうまくいかない。いくら異文化感受性がするどくてもそれだけで解決しない。またこうした能力を個人の能力にまかせ

てすべて良しとしている態度が，企業の国際化の展開を遅らせてきたのであろう。

2. 現地社長の役割

現地社長の経営機能をいかにすればうまく遂行できるか理想論はない。異文化コミュニケーションの天才でない通常の企業人が，グローバリゼーションとローカリゼーションのディレンマを克服するには，どうしても忘れてはならないプロセスがある。それは「交渉」のプロセスである。交渉とは対立する物事について話し合いにより，お互いの合意点に達するプロセスである。

> 交渉とは話し合いによりお互いにある合意点に達することです。交渉はビジネスそのものを意味しており交渉者がお互いに利益を得るような条件を獲得するための努力のプロセス全体を意味している。
> (『交渉力入門』佐久間賢，日本経済新聞社，p24)

われわれの場合，本社からの一方的指示により行動をとるかとらないのかの選択ではなくそれに対する逆提案または代替案を現地側から指示すること，またそれができる機能と組織であることが重要である。その上で本社と現地の交渉を行い合意に達することができるように現地社長の役割を設定する。現地社長は業務を伝達するだけの中間管理職ではない。二つの違った円を連動させる仕組みを担っている。どちらも

回転数の違う円だが同じ方向へまわるよう，主張点の異なるようにみえる対立点をまとめる役割をもつ。交渉の種類としては，ゼロ・サム交渉（分前獲得交渉）といって限られたパイの中で両者の取分を争う解決法は論外である。交渉というプロセスを持ち込むだけでもプラス・サム交渉（双方に利益のでる条件をみつける交渉）になる可能性も高い。

例えば組織問題について本社が現地に品種別組織を強制してきたとしても，現地の顧客がどうしても重要でグローバル展開をしているのであれば主要顧客についてだけはグローバルセールス組織をつくり現地で管理するという提案ができる。

賃金についても賃金体系を短期的な業績結果に基づき引き下げようという動きがあったとしても，賃金の単年度更改から長期的契約に変え，雇用の安定化を望む逆提案も出せるであろう。また外資系企業ではセールスマンに個人ボーナスを認めるところが多いが，文化が違えば，個人がボーナスを独り占めするという案もなかなか受け入れられる場合が少ない。こうしたときは，現地側から個人でなくチームにボーナスを与えて個人に対しては金額ではなく名誉を与えるという方式を代替案として提案することもできる。

さらに本社との単独交渉だけでなく他の現地国と共同でこの「交渉プロセス」を利用することが望ましい。この点で国際キリスト教大学のJ. ワシレフスキー教授の理論は示唆に富んでいる。すなわち，非常に複雑な異文化問題を含む解決には360°会議と称して，利害関係者のすべてが一同に会して「自

分を主張し,すべての意見を聴き,全体的なビジョンを創ること」(Speak, Listen and Together),が重要であると言われている。

事例としてモザンビークの文化問題を解決するため政治,文化,宗教,教育,社会,種族など,すべてのステークホルダーが集まった会議は,時間がかかるが有効でであったと話しておられるのが印象に残った(J, ワシレフスキー, 2002年5月12日,日本交渉学会研究発表)。

われわれの場合も,対本社との交渉だけでなく,他の現地国の子会社も一堂に会する全体打ち合わせが必要であろう(図6-4)。

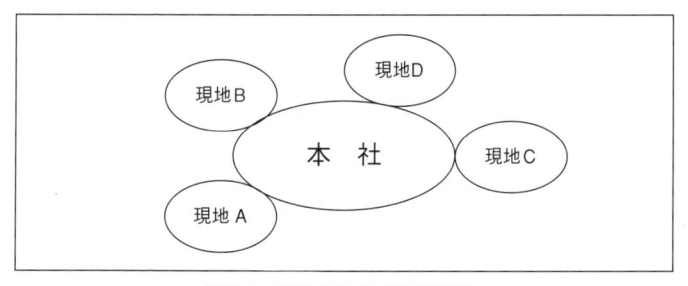

図6-4 現地社長の多国間交渉

一国間交渉だけでなくグローバルに各現地国間で連絡する。できれば本社も交えた打ち合わせを開く。それによりローカリゼーションの重要性のプライオリティがおのずと了解される。文化は異なっても経営資源を世界的に最適化するという目的は共通しているからである。一堂に会した利害関係者が,

それぞれの主張を通じて逆提案として，新しいコンセプトを創り出せればこんなにすばらしいことはない。もちろん，ビジネスの決定であり，長い時間をかけることはできないだろうが，本社のビジネスプランの提示と予算決定，業績評価の場を利用して1～2日間の現地社長が集まる打合せは有益であると考えられる。

　現地社長の役割はこうした「交渉」プロセスを持ち込むことで理想ではないにしても一歩一歩改善していくのではないだろうか。そしてグローバリゼーションとローカリゼーションの葛藤も，お互いが統合された形で解決していくことが期待される。

あ と が き

　国際経営とはいったい何なのか。そして国際経営論は何を論議してきたのか。歴史的にみると，どうやら米国の多国籍企業論からはじまっているらしい。1960年代は米国のパクスアメリカーナが論じられ，そしてその後欧州の挑戦と多国籍企業の世界支配とその経営行動が分析された。日本企業の海外進出が展開するにつれて日本の「多国籍企業」の研究がはじまり，国際経営論は日本の海外進出企業の研究が主流であった。しかし，最近になって国際経営というのは，日本の外資系企業にも適用されねばならないという現実的必要性が叫ばれるようになった。この小論は結果的にはこうした日本経済の動向を反映したものになっている。

　最近はさらに進んで中国進出に特徴づけられる日本経済の空洞化と，クロスボーダーM&Aによる日本企業の買収などが注目をあびている。こうした，最近の動向も取り入れた議論の展開をさらに続けたいと考えている。

参 考 文 献

① 「ゼミナール経営学入門」伊丹敬之他　1993年　日本経済新聞社
② 「国際経営」新版　吉原英樹　2001年　有斐閣
③ 「国際経営」安室憲一　1993年　日経文庫
④ 「国際経営を学ぶ人のために」根本孝他編　2001年　世界思想社
⑤ 「テキストブック国際経営」(新版) 山崎清，竹田志郎編　1993年　有斐閣ブックス
⑥ 「理論とケースで学ぶ国際ビジネス」江夏健一，桑名義晴編　2001年　同文館
⑦ 「グローバルビジネス重点戦略ノート」三和総合研究所　2001年　ダイヤモンド社
⑧ 「異文化の学び方，描き方」住原則也他著　2001年　世界思想社
⑨ 「外資の戦略思想に学べ」田坂広志　2001年　ビジネス社
⑩ 「新・資本論」大前研一　2001年　東洋経済新報社
⑪ 「知識とイノベーション」一橋大学イノベーション研究センター　2001年　東洋経済新報社
⑫ 「イノベーションのジレンマ」クレイトン・クリステンセン

2001年　翔泳社
⑬「日米ビジネス・ネゴのホンネ」　スミキンインタコム　1990年　学生社
⑭「多文化時代のグローバル経営」　船川淳志　1998年　ピアソンエデュケーション
⑮ Money in the Multinational Enterprise S.M.Robbims & R. B. Stobaugh　1973年　Basic Books
⑯「国際マーケティング体系」　角松正雄他編　1996年　ミネルヴァ書房
⑰「異文化インターフェース経営」林吉郎　1994年　日本経済新聞
⑱「交渉力入門」佐久間賢　2001年　日本経済新聞
⑲「異文化経営論の展開」馬越恵美子　2000年　学文社
⑳ 2002年ジェトロ投資白書　日本貿易振興会　2002年　ジェトロ
㉑「国際経営論への招待」吉原英樹編　2002年　有斐閣ブックス
㉒「交渉力研究」藤田忠　1990年　プレジデント社
㉓「平成12年外資系企業の動向」経産省企統室編　2002年　財務省印刷局
㉔「経営学再入門」手塚公登他編　2002年　同友館
㉕「異文化の波」トロンペナルス・ターナー　2001年　白桃書房
㉖「多文化世界」G.ホフステド　1995年　有斐閣
㉗「対日直接投資外資系調査」日本貿易振興会　2002年　ジエトロ
㉘ Basic Marketing 5th ed, McCathy, E., J. Irwin　1975
㉙「ルネサンス」カルロス・ゴーン　2002年　ダイヤモンド社
㉚「異文化コミュニケーションの理論」石井敏他　2001年　有斐閣

ブックス
㉛「ビジネスバトル日本人vs外国人」賀川洋　2001年　講談社
㉜「英語で経営する時代」吉原英樹他　2001年　有斐閣

人名索引

あ

安室憲一　*2, 3, 4, 23, 24, 25*
江夏健一　*19, 46, 47, 48, 50, 51, 57, 63, 86, 91, 92, 96*
大歳卓麻　*17, 18*

か

加護野忠男　*1*
角松正雄　*57*
ガルブレイズ, J. R.　*5*

さ

佐久間賢　*101*
茂垣広志　*25*
ストボー, R. B.　*62, 70, 71, 72*

た

手塚公登　*32*

な

西村祥二　*87*
根本 孝　*4, 25, 30, 46, 49, 95*

は

パイン, J.　*50*

林 吉郎　*35, 37, 38, 95, 96, 98, 99, 100*
船川淳志　*96, 97, 100*
ホフステド, G.　*8, 36*
ホール, E.　*35*

ま

マッカーシー, E. J.　*59*
馬越恵美子　*36, 37, 44*

や

山崎 清　*9, 10, 26, 47, 63, 64, 70, 79, 80*
吉原英樹　*6, 7, 8, 19, 30, 31, 42, 61, 65, 75, 78, 81, 82, 84*

ら

ロビンズ, S. M.　*62, 70, 71, 72*

わ

ワシレフスキー, J.　*103*

事項索引

あ
αサイト機　*85*
一国集中型　*86*
異文化インターフェース　*95*
異文化コミュニケーション　*35*
運転資本管理　*69*
エクスパトリオト　*25, 95*
SCM　*15*
M型　*38*
応用研究　*91*
O型　*37*

か
海外子会社の研究開発　*80*
海外事業部　*2*
海外派遣　*29*
　　——者　*25*
会計基準の国際化　*64*
外資系企業
　　——社長の国籍別割合　*30*
　　——での研究開発　*83*
　　——の財務管理状況　*66*
　　——の要望　*76*
　　日本の——の雇用比率　*42*
開発　*89*
カスタム品　*54, 59, 61*
川上集中川下分散型　*86*

為替管理　*69*
完全平行型　*86*
企業文化　*44*
基礎研究　*91*
キャッシュフローステートメント　*75*
協働　*1*
空洞化品　*53*
国別会社型　*12*
クロスボーダーM＆A　*43*
グローバリゼーションとローカリゼーションの対立　*11*
グローバル品　*53*
グローバルマスカスタマゼーション　→　GMC
グローバル・マネージャー　*95*
下宿屋型　*12*
研究所の海外進出　*79*
現地社長　*11, 93*
現地の労働慣行　*28*
高コンテキストの失敗　*40*
「交渉」のプロセス　*101*
子会社への押し込み販売　*65*
顧客別組織　*10*
国際事業部　*2, 14*
国際ビジネスマンの条件　*23*
個人主義指標　*37*

コストセンター　*71*
コンテクスト　*35*
コンフリクト　*26*

さ
財務管理組織の発展の理論　*70*
財務計画　*69*
財務システムモデル　*71*
採用　*39*
360°会議　*102*
GMC　*50*
　——品　*54*
資金調達　*68*
自主権限　*67*
資本支出　*69*
職務設計　*39*
集中統制　*67*
人材開発　*23*
人事
　——管理項目の日米比較　*41*
　——管理施策の領域　*32*
　——計画　*32, 33*
　——統一システム　*28*
　——配置　*32, 33*
　——評価　*32, 33, 39*
人的資源管理施策　*32*

製品別事業部　*2, 13*
製品別組織　*10*
世界標準化対現地適応化　*46*
セグメント　*58*

た
タスクフォース　*7*
地域事業部　*2, 14*
地域統括本部　*3*
超製品事業部　*14*
デファクト・スタンダード　*56*
得意先別型　*12*
トップマネージャー層の国籍別割合　*29*
トランスナショナル組織　*19*

な
日本語によるマネジメント　*31*
能力開発　*32, 33*

は
配属　*39*
発展段階的　*2*
半導体設計開発の中国シフト　*88*
標準化と適応化　*49, 61*

4P　*59*
福利厚生　*32, 34*
ブリッジ・パーソン　*96*
プロジェクトチーム　*7*
プロフィットセンター　*72*
βサイト機　*85*
貿易特化指数　*55*
本社一元化の財務管理　*63*
本社派遣型　*12*

ま
松下電器　*15*
マーケティング活動の国別類似度　*49*
マーケティングミックス　*58*
マトソンテクノロジー　*15*
──ジャパン　*74, 89*
マトリクス組織　*6, 17*
　IBMの──　*17*
　グローバル──　*4*
マブチモーター　*87*

や
役割モデル　*86*

ら
ラム・リサーチ・ジャパン　*73*
連結会計制度の導入　*75*
ローカル品　*53*
労使関係　*32, 34*

麻殖生健治（まいお・けんじ）

1965年東京大学経済学部卒業。スイス国際経営開発研究所（IMD）MBA，住友金属工業株式会社からマトソンテクノロジージャパン社長を経て，現在，立命館アジア太平洋大学大学院客員教授。チャレンジャー・グレイ・クリスマス顧問。主な著書に，『日米ビジネス・ネゴのホンネ』（学生社）など。

グローカル国際経営論

2003年6月1日　初版第1刷発行　（定価はカバーに表示してあります）

　　　　著　者　麻殖生健治
　　　　発行者　中西　健夫
　　　　発行所　株式会社ナカニシヤ出版
　　　　〒606-8316 京都市左京区吉田二本松町2番地
　　　　Telephone　075-751-1211
　　　　Facsimile　075-751-2665
　　　　郵便振替　01030-0-13128
　　　　URL　　　http://www.nakanishiya.co.jp/
　　　　E-mail　　iihon-ippai@nakanishiya.co.jp

装幀・白沢　正／印刷・ファインワークス／製本・兼文堂
Copyright © 2003 by K. Maio
Printed in Japan
ISBN 4-88848-785-5　C0034